HISTOIRE POPULAIRE
ABRÉGÉE
DE
NAPOLÉON III

PAR
PAUL DE CASSAGNAC

Prix : **50** centimes.

Plébiscite des 20 et 21 décembre 1851

Votants : **OUI**...........	7,439,216
Votants : **NON**..........	640,733

Plébiscite des 21 et 22 novembre 1852

Votants : **OUI**...........	7,824,189
Votants : **NON**..........	253,145

Plébiscite du 3 *mai* 1870

Votants : **OUI**...........	7,336,434
Votants : **NON**..........	1,560,709

PARIS
LACHAUD ET BURDIN, ÉDITEURS
4, PLACE DU THÉATRE-FRANÇAIS, 4

NAPOLÉON III

HISTOIRE POPULAIRE

DE

NAPOLÉON III

PAR

PAUL DE CASSAGNAC

Le 28 avril 1808, l'empereur Napoléon Ier, qui se trouvait alors à Bayonne, écrivait la lettre suivante à l'impératrice Joséphine pour lui annoncer la naissance du prince Louis-Napoléon :

« A l'Impératrice, à Bordeaux.

« Mon amie, Hortense est accouchée d'un fils. J'en ai éprouvé une vive joie. Je ne suis pas surpris que tu ne m'en dises rien, puisque ta lettre est du 21 et qu'elle est accouchée le 20, dans la nuit.

« Napoléon. »

Louis-Napoléon était le troisième fils de Louis, frère de l'Empereur et roi de Hollande, et de la reine Hortense-Fanny de Beauharnais. De ses deux frères, l'aîné, Charles-Napoléon, prince royal de Hollande, était mort à La Haye, le 5 mai 1807 ; le second, le prince Napoléon, fait par l'Empereur grand duc de Berg, mourut en Italie, à l'âge de vingt-cinq ans, au moment où il donnait les plus grandes espérances. Louis-Napoléon est le seul qui soit né dans le palais des Tuileries où il devait régner plus tard sous le nom de Napoléon III.

On sait quels magnifiques exemples de désintéressement et d'abnégation a donnés son père, Louis Bonaparte, qui, devenu roi de Hollande et placé entre les intérêts du peuple hollandais et les intérêts de la France, n'hésita pas à sacrifier sa couronne pour rester Français.

D'un esprit réfléchi, calme, pratique, ayant une rare connaissance des affaires, il offrait un contraste singulier avec le caractère sensible, romanesque et poétique de la reine Hortense. Jamais deux natures ne furent aussi complétement dissemblables et opposées; néanmoins, la plus sincère estime ne cessa de régner entre les deux époux.

En 1808, à l'époque de la naissance de Louis-Napoléon, la reine Hortense avait à peine vingt-cinq ans. Elle était, on le sait, la fille de l'Impératrice Joséphine, et elle tenait de la race créole tout ce qui donne à la femme cette beauté vive et douce, cette nature simple et enjouée, cette tournure élégante et nonchalante qui semble en faire une race particulière dans la race blanche elle-même.

Au moral, elle était douce, bonne, serviable et prodigieusement instruite. Il suffit de parcourir ses Mémoires pour se rendre compte de tout ce qu'il y avait de profondément sérieux dans cette éducation artistique où l'histoire coudoyait la poésie et où la poésie marchait de pair avec une science complète de la géographie.

La reine peignait à ravir, mais son talent préféré était la musique. C'est pour obéir à l'Empereur qui réclamait des airs patriotiques et qui trouvait la Marseillaise trop compromise par les fureurs révolutionnaires qu'elle composa le fameux air de *Partant pour la Syrie.*

Jamais sœur de charité ne poussa plus loin la bonté pour les malheureux. Providence des royalistes sous l'Empire, elle fit autoriser la duchesse d'Orléans et la duchesse de Bourbon à demeurer en France, et c'est sur ses instances que l'Empereur accorda à la première quatre cent mille francs de pension, et à la seconde deux cent mille francs. Les deux princesses lui écrivirent alors les lettres les plus humbles, mais, plus tard, lorsqu'ils furent revenus, les Bourbons la remercièrent de ce qu'elle avait fait pour leur famille en l'exilant et en confisquant ses biens. Tant d'ingratitude fut toujours le résultat de tout bienfait accordé aux Bourbons et aux royalistes!

Louis-Napoléon adorait sa mère, et comment en eût-il été autrement? N'était-ce pas elle qui l'avait complétement élevé? De 1808, date de sa naissance, jusqu'en 1836, époque de la tentative de Strasbourg, elle ne l'a jamais quitté. C'est elle qui l'a formé, qui lui a donné tous ses goûts artistiques et toutes ses idées politiques. C'est elle qui lui a inspiré cet amour du peuple et ce respect de la volonté nationale qui ont été les mobiles de toutes ses actions.

« Le peuple qui donne, écrivait-elle, a le droit d'ôter. Les Bourbons, qui se croient propriétaires, peuvent prétendre réclamer la France comme un bien. Les Bonaparte doivent se rappeler que toute puissance leur vient de la volonté populaire. Ils doivent en attendre l'expression et s'y conformer, leur fût-elle contraire. » (*Mémoires de la reine Hortense.*)

Ces magnifiques paroles sont le véritable programme de la dynastie napoléonienne, programme auquel l'Empereur Napoléon III n'a jamais cessé d'être fidèle depuis son entrée dans la vie politique jusqu'au dernier jour de son règne.

Les premières années de Louis-Napoléon s'écoulèrent à Paris. Enfant gâté de l'Impératrice Joséphine, il était aussi le préféré de l'Empereur qui semblait deviner en lui son futur héritier et qui lui témoigna toujours une aussi vive affection, même après la naissance du roi de Rome. C'est que Louis-Napoléon était bien l'enfant le plus séduisant que l'on pût voir : il tenait de sa mère ces rares qualités de cœur qui, dans la suite, l'ont tant fait aimer de tous ceux qui l'ont approché. L'anecdote suivante, que l'Impératrice Joséphine se plaisait à raconter, montrera combien était grande sa bonté naturelle.

Le petit Louis n'avait que quatre ans ; il était mince, fluet, délicat. Étant avec sa gouvernante, madame de Boubers, il aperçut, pour la première fois, un ramoneur ; la peur le prit et il courut se cacher. Là-dessus, madame de Boubers lui fait un grand sermon sur sa frayeur, et lui raconte que les ramoneurs sont de malheureux enfants obligés de quitter leur papa et leur maman, pour aller dans les pays étranger, gagner péniblement de quoi manger, en nettoyant les cheminées. Cette histoire frappa beaucoup le petit Louis. Et quelque temps après, il est réveillé brusquement par un ramoneur, qui descend par mégarde de sa cheminée, tout couvert de suie et dans l'état horrible que l'on sait. Sans s'effrayer un instant, le petit Louis enjambe à grand'peine la balustrade de son berceau, saute à terre, au risque de se rompre le cou, et court en chemise à son tiroir, où il prend ce qu'il a d'argent pour le donner au jeune Savoyard. Tout cela fait du bruit, sa nourrice, qui était dans la chambre voisine, se précipite et le trouve tout penaud et faisant des efforts inouïs pour remonter dans son lit, qui était trop haut. Il fut grondé pour avoir donné tout son argent, quand il ne lui était permis que d'en donner une partie à la fois.

1813 venait de s'achever tristement et on commençait l'année 1814 sous les plus affreux auspices. L'étranger envahissait la France, et les armées impériales décimées disputaient à des adversaires sans cesse renouvelés, de stériles victoires. Le 9 février, Mâcon était pris. Alors commencèrent pour la reine Hortense toutes les atroces alternatives de succès et de malheurs qui composent la campagne de France, si belle et si inutile. Au milieu des angoisses qu'elle éprouvait, son courage ne faiblit pas un seul instant. Elle refusa de quitter Paris, résolut d'en partager le sort, et si ses conseils eussent prévalu, si l'Impératrice Marie-Louise l'eût imitée, Paris se défendait, et l'Empereur écrasait les alliés contre les portes de sa capitale.

Malheureusement, Marie-Louise ne montra pas la même énergie; elle partit et son départ désorganisa la résistance. Malgré cela, la reine Hortense se refusait à croire que Paris ne se défendrait pas : elle avait dit au comte de Regnault Saint-Jean d'Angély, colonel de la garde nationale : « Il faut que Paris tienne, et si la garde nationale veut défendre la capitale, dites-lui que je m'engage à y rester avec mes enfants. »

Et, au dernier moment, alors que ses illusions commençaient à s'évanouir, elle se promenait à grands pas dans sa chambre et murmurait tout haut avec des larmes de colère : « Mais une armée ne peut pas prendre si facilement une capitale! Et voir l'Empereur tout près d'ici ! Mais je me souviens que Madrid s'est maintenu quelques jours contre nos armées; il y a mille exemples semblables, et nous sommes des Français ! »

Cependant les Cosaques arrivaient jusque dans les faubourgs et la reine Hortense dut s'éloigner. Elle se retira, avec ses enfants, à Navarre d'abord, puis à la Malmaison où elle resta quelque temps, protégée contre les Bourbons, revenus dans les fourgons de l'étranger, par l'Empereur de Russie qui avait été pris d'une profonde admiration pour la noblesse et la grandeur de son caractère.

Dans cette retraite, elle s'occupa exclusivement de l'éducation de ses enfants à qui son aumônier, l'abbé Bertrand, donnait des leçons. Elle s'appliquait surtout à développer chez eux le sentiment du patriotisme qu'elle possédait, elle, à un si haut degré. Elle leur faisait un tableau terrible du pays ravagé, pillé, des chaumières brûlées, des moissons anéanties, des paysans errants sans nourriture, sans abri et leur disait tous les jours que s'ils étaient plus grands, ils iraient se battre pour défendre la France et l'Empereur. Les pauvres enfants étaient tout tristes et l'émotion se peignait sur leur jolie figure. Alors la reine leur demandait s'ils souffraient, et eux de répondre qu'ils étaient prêts à tous les sacrifices. « Eh bien, disait la reine, donnez tous vos joujoux, tout votre argent, car vous ne devez pas vous amuser et être riches quand les autres souffrent et sont pauvres. » Et les petits princes abandonnèrent tout sans regret.

Jamais la haine n'est entrée dans le cœur de la reine Hortense. Elle élevait ses enfants à ne pas connaître la rancune ou la vengeance, et il a fallu évidemment le saint exemple de sa mère pour faire pratiquer plus tard à Napoléon III le pardon des injures et des trahisons.

Chaque fois qu'elle parcourait les journaux du temps et qu'elle y voyait les infamies répandues sur l'Empereur, elle disait : « Ce qui me fâche le plus, c'est que « tout ce qu'on écrit aujourd'hui restera comme un « monument de lâcheté et que l'histoire ne pardonnera « pas à la nation d'avoir laissé outrager, lorsqu'il est « devenu malheureux, l'homme qui fit tant pour son « illustration et qui fut si constamment encensé dans la « prospérité. On nous appellera toujours peuple léger et « sans dignité. Cette idée me peine, et quand je pense « à cette entrée des Alliés dans Paris, j'en ai encore le « cœur navré! Pourquoi les Bourbons n'ont-ils pas été « se faire reconnaître dans une province par un régi« ment français? A la bonne heure, c'eut été tout « simple; si on ne voulait plus de l'Empereur, on allait « à ses anciens souverains, on les reprenait, le peuple « était le maître de choisir qui lui plaisait, et c'était à « nous seuls, dont il ne voulait plus, à nous résigner.

« Mais aller fêter les ennemis de son pays, ceux qui « ont fait couler le sang français! ah! le parti qui a fait « cela est bien coupable! »

Toujours le peuple! et comme elle en parle avec respect, n'admettant rien de se qui se passe sans lui!

C'était sanglant, mais c'était dit sans colère : et pourtant à ce moment le gouvernement royal venait de saisir ses rentes, ses arriérés dus par le Trésor, et la reine Hortense était réduite, pour vivre, à se défaire de ses objets précieux!

Mais une bien plus cruelle épreuve l'attendait encore. Malade depuis longtemps, rongée et minée par une souffrance morale et physique, l'Impératrice Joséphine mourut à la Malmaison le 29 mai : ce fut un coup terrible pour la reine qui se trouva plus isolée que jamais au moment où tous les malheurs la frappaient à la fois.

Quelques mois s'étaient écoulés, et déjà les Bourbons avaient mécontenté tout le monde; aussi apprit-on avec enthousiasme le débarquement de l'Empereur au golfe Jouan. Le 20 mars 1815, il entrait à Paris où il était accueilli par les acclamations de la foule, et l'on pouvait espérer que l'Empire, restauré, allait durer de longues années, mais les Cent-jours passèrent vite; Waterloo arriva, et Napoléon, qui n'avait pu se faire tuer sur le champ de bataille, envoya aux Chambres, le 22 juin, son abdication en faveur de son fils.

La reine Hortense lui donna l'hospitalité à la Malmaison. Seulement, prête à tout, elle voulut mettre ses enfants à l'abri. Une brave et excellente femme, petite commerçante du faubourg Montmartre, madame Tessier, était venue s'offrir. La reine préféra lui confier ses enfants, plutôt que de les confier à une personne du grand monde, disant avec raison qu'ils seraient en plus complète sûreté chez quelqu'un du peuple.

La reine ne s'était pas trompée sur ce qu'elle avait à attendre des Bourbons : le 19 juillet, elle reçut l'ordre de quitter Paris dans *les deux heures*. Elle obéit sans se plaindre et partit sous la garde d'un officier autrichien, heureuse qu'on lui eut laissé ses enfants.

Après avoir passé quelque temps à Aix en Savoie, elle fut expulsée de France et se rendit en Suisse, où elle fut en butte aux vexations des agents du gouvernement français, et elle ne cessa d'être persécutée qu'à Constance, où elle habita pendant un an; puis elle acheta le château d'Arenenberg où elle se fixa définitivement. Là, elle se consacra tout entière à l'éducation de Louis-Napoléon qui était resté seul avec elle, le roi Louis ayant redemandé son fils aîné et l'ayant fait venir à Rome où il avait établi sa résidence.

Elle avait donné pour précepteur au jeune prince, M. Lebas, homme du plus grand savoir et du plus grand mérite ; puis, elle le mit au collége d'Augsbourg où il passa quatre années sous la direction du savant helléniste Hage, travaillant beaucoup, et acquérant cette science de pensée et de style qui devait faire de l'historien de César un des écrivains les plus remarquables de son temps,

Lorsqu'il revint à Arenenberg, en 1821, de nombreux professeurs, entre autres le savant Diezi, lui firent continuer ses études déjà si brillantes, et l'initièrent à tous les secrets des sciences mathématiques, pour lesquelles il avait un goût particulier.

Quand le prince avait un moment de libre, il se hâtait de le consacrer aux exercices de corps. Il était de première force sur l'escrime, l'équitation et la natation. A cheval, ou dans l'eau, il poussait l'audace jusqu'à la témérité.

On cite souvent, comme un beau trait de son caractère chevaleresque, ce qui lui arriva à Mannheim.

Il se trouvait là, se promenant avec ses cousines, filles de la duchesse Stéphanie de Bade, et tout en causant, il traversait le pont du Necker, lorsqu'une discussion s'engage sur le plus ou moins d'héroïsme des hommes de notre temps. Les jeunes princesses affirmaient qu'autrefois les hommes étaient plus galants et plus capables de dévouements héroïques. Le prince soutenait que les hommes de ce siècle valaient tout autant et que seules les occasions de se dévouer manquaient. Il développait sa thèse avec chaleur, lorsqu'une de ses cousines, prenant une fleur à son corsage la jette dans le gouffre en disant : « Tenez, du temps jadis, un bon chevalier se fût hâté d'aller la chercher! »

Le prince, sans hésiter une seconde et avant qu'on eût pu s'y opposer, se précipite tout habillé dans le fleuve et, après des efforts inouïs, saisit la fleur, revient et, ruisselant, l'offre à sa cousine encore tout epouvantée, et lui dit en riant : « Tenez, voici votre fleur, belle cousine; mais, pour Dieu ! ne nous mettez pas trop au-dessous de vos anciens chevaliers du moyen âge! »

Un autre jour, il parcourait à cheval les hauteurs qui dominent la ville de Constance. Soudain, il entend un cri terrible, et voit une voiture où se trouvait une femme et ses deux enfants, emportée par des chevaux affolés et sur le point de se briser dans les précipices. Éperonner son cheval, courir de rocher en rocher, au risque de se tuer, dépasser la voiture, saisir les chevaux et les renverser, d'un seul tour de poignet, tout cela sans quitter son cheval, fut l'affaire d'un instant.

Le Prince Louis était devenu l'idole des Suisses, qui adoraient sa nature généreuse, modeste et loyale.

Il avait particulièrement dirigé ses études vers l'artillerie, et avait obtenu l'autorisation d'assister aux manœuvres qui avaient lieu tous les ans au camp de Thoun, pour l'instruction des soldats et des officiers suisses.

C'est à Thoun, au milieu de ses études militaires, que la Révolution de Juillet vint le surprendre. Il accueillit avec joie la nouvelle du renversement des Bourbons : « Enfin, la France est libre, disait-il : l'exil est fini, la patrie est ouverte; n'importe comment nous la servirons ! »

Cette illusion fut courte : le roi Louis-Philippe, oubliant les faveurs dont, sur la recommandation de la reine Hortense, l'Empereur avait comblé sa mère, n'eut rien de plus pressé que de faire revivre les lois de proscription édictées contre les membres de la famille Bonaparte. La France était donc encore une fois fermée pour Louis-Napoléon et pour son frère : ils se tournèrent alors vers l'Italie, où venait d'éclater un mouvement national, et prirent les armes pour y combattre l'Autriche et les Bourbons.

Cette tentative devait échouer : que pouvaient faire quelques milliers d'hommes, si braves qu'ils fussent, contre les armées de l'Autriche? Cependant les jeunes princes eurent le temps de se signaler par des actions d'éclat, et de conquérir l'estime et l'admiration de leurs compagnons d armes. Bientôt la petite armée dans laquelle ils servaient, comme volontaires, dût se retirer devant un ennemi supérieur en nombre, et ce fut pendant cette retraite que le prince Nopoléon mourut, enlevé à la fleur de l'âge par une courte maladie.

La reine Hortense arrivée trop tard pour assister à ses derniers moments voulut au moins sauver le prince Louis-Napoléon qui était tombé malade lui aussi. Elle le cacha si bien qu'il échappa à toutes les recherches : puis, lorsqu'il fut en état de supporter le voyage, elle lui fit traverser, sous un déguisement, toute l'Italie, et le conduisit à Paris, où son premier soin fut de prévenir loyalement le roi Louis Philippe de sa présence.

Le roi voulut la voir, et lui déclara que l'exil de la famille Bonaparte lui pesait sur le cœur. Casimir Périer, alors premier ministre, lui rendit plusieurs visites : il lui fit de grandes démonstrations, et lui offrit même ce qu'elle ne demandait pas, c'est-à-dire la possibilité de rester en France. La reine eut la naïveté de croire à cet excès de bienveillance, et elle lui parla du violent désir qu'avait son fils d'entrer dans un régiment et de servir son pays.

Savez-vous ce que répondit Casimir Périer? Il répondit qu'il comprenait les désirs du Prince, mais qu'il lui faudrait CHANGER DE NOM!

Changer de nom! Quand le prince Louis apprit cela, il s'écria avec véhémence : « Quitter mon nom! qui « oserait me faire une pareille proposition! Ne pensons « plus à tout cela, retournons dans notre retraite. Ah! « vous avez raison ma mère! »

Le gouvernement de Louis-Philippe voyant qu'il ne pouvait pas obtenir du prince Louis et de la reine ce qu'il voulait, et effrayé de l'éclatante manifestation qui, le jour du cinq mai, fêta le souvenir et la mémoire de l'Empereur, changea brusquement d'attitude et leur signifia l'ordre de partir promptement.

Le Prince était malade, très-malade toujours; la reine Hortense demanda un délai de trois jours.

Madame Adélaïde répondit sèchement *que c'était bien long.*

C'étaient ces mêmes gens pour qui la reine avait autrefois intercédé auprès de l'Empereur, et qui, maintenant, payaient leur dette de reconnaissance à la façon des d'Orléans !

Le Prince avait une inflammation très-grave : il partit cependant, mais le voyage lui fit mal, et arrivé à Londres, il se trouva en proie à une fièvre des plus violentes qui fit craindre pour ses jours.

Il lui fallut longtemps pour se remettre.

La reine et son fils furent admirablement accueillis en Angleterre. Ils y restèrent quelques mois, puis le 1er août 1831, ils retournèrent à Arenenberg. Là, le Prince chercha des distractions dans un travail obstiné. En très-peu de temps il fit paraître successivement trois ouvrages : *les Rêveries politiques*; *Deux mots à M. de Chateaubriand sur la duchesse de Berry*; *Considérations politiques et militaires sur la Suisse.*

Il y avait dans ses œuvres un talent tel que le rédacteur en chef du *National* écrivait à ce sujet : « Les « ouvrages de Louis-Napoléon Bonaparte annoncent une « bonne tête et un noble caractère. Il y a de profonds « aperçus qui dénotent de sérieuses études et une « grande intelligence des temps nouveaux. »

Le 22 juillet 1832 mourut le roi de Rome. Cette mort laissait, comme héritier de l'idée napoléonienne, le roi

Joseph, le roi Louis en deuxième ligne et enfin Louis-Napoléon, le seul, le vrai héritier de son oncle, qui n'avait pas d'enfant mâle, et de son père qui n'avait plus que lui. Ainsi avait été réglé l'ordre de succession dans la famille impériale par le sénatus-consulte du 28 floréal an XII, soumis à l'acceptation du peuple et approuvé par 3,521,675 voix sur 3,524,254 votants.

Cette situation créait de nouveaux devoirs au prince Louis-Napoléon, il les comprit, et s'efforça de se rendre digne du trône auquel les circonstances pouvaient l'appeler un jour ou l'autre. Il continua donc, avec plus d'ardeur que jamais, ses travaux militaires, et publia bientôt un livre très-remarquable, le *Manuel d'artillerie*, qui lui valut le grade de capitaine d'artillerie dans l'armée suisse. Il ne cessait, d'ailleurs, de se tenir au courant de ce qui se passait en France, et il ne tarda pas à acquérir la certitude que le gouvernement de Louis-Philippe n'avait pas de bases solides dans le pays, et ne répondait pas aux aspirations de la nation.

La monarchie de Juillet n'avait su ni faire respecter le France au dehors, ni développer sa prospérité au dedans ; le nom de Napoléon devenait chaque jour plus populaire, et le gouvernement s'en rendait si bien compte qu'il s'efforçait d'exploiter à son profit le culte des masses pour le grand Empereur : c'est ainsi qu'en 1833 il avait replacé la statue de Napoléon Ier sur la colonne Vendôme, et que bientôt, il devait faire ramener ses cendres de Saint-Hélène aux Invalides. Il était donc évident qu'en se préparant à offrir à la France la doctrine de la souveraineté nationale alliée au plus grand nom de l'histoire moderne, le prince Louis-Napoléon répondait avec certitude à des éventualités sérieuses et prochaines.

Trouver la forme à l'aide de laquelle l'opinion publique serait vivement et efficacement saisie de ces grands problèmes politiques n'était pas chose aisée; plusieurs projets avaient été mis en avant, et le Prince semblait disposé à adopter un plan assez téméraire présenté par un de ses amis les plus dévoués, M. de Persigny, lorsque certaines circonstances lui fournirent l'occasion de faire connaître ses idées à la France.

Pendant un séjour qu'il avait fait à Bade, le Prince s'était mis en relations avec les officiers français que son mérite personnel et le prestige de son nom attiraient près de lui. Dans ce nombre, trois s'étaient montrés plus spécialement sympathiques à ses principes et à sa personne; c'étaient M. Parquin, ancien et brave officier de l'Empire, chef d'escadron de la garde municipale de Paris, frère d'un avocat distingué du barreau de Paris, et qui avait épousé Mlle Cochelet, lectrice de la reine Hortense; M. Armand Laity, sorti de l'Ecole polytechnique, lieutenant d'un bataillon de pontonniers, et M. Claude Vaudrey, l'un des plus brillants officiers de l'armée, colonel du 4e régiment d'artillerie, et ayant par intérim sous ses ordres toute l'artillerie appartenant à la garnison de Strasbourg.

De nombreuses conversations avec ces officiers avaient porté le Prince à compter sur la sympathie de l'armée, et il en était arrivé à se convaincre que sa présence en France pourrait amener une prise d'armes. Sans doute c'était chanceux, mais en cas de réussite, c'était le but incessamment poursuivi, c'est-à-dire la France rendue à elle-même; en cas d'insuccès, c'était la mort probablement, la captivité à coup sûr; mais c'était aussi la mise en scène, les plaidoiries, le bruit d'un procès, et, à l'aide de ce bruit, la publicité donnée aux doctrines et aux traditions impériales.

Le 15 octobre 1836, les généraux initiés furent convoqués. Soit hésitation, soit malentendu, ils manquèrent au rendez-vous. Craignant des indiscrétions, le Prince passa outre. Le 25, il quitta sa mère, sous le prétexte d'une visite chez une cousine, aux environs de Bade; mais comme il devait aussi conférer avec des officiers français, près de la frontière, la reine, comme avertie par un pressentiment du cœur, lui passa au doigt l'anneau de mariage de l'Empereur et de Joséphine, en lui disant : « Si tu cours quelque danger, ce sera là ton talisman. » Le 28, il partit de Fribourg, passa par Neuf-

Brisach et Colmar, et, à onze heures du soir, il entrait à Strasbourg, et allait descendre rue de la Fontaine, n° 24, chez un officier dévoué. Le lendemain matin, il faisait prévenir le colonel Vaudrey, et convoquait, dans le logement occupé par M. de Persigny, toutes les personnes qui devaient prendre part à l'entreprise.

Quand ses amis furent réunis, le Prince leur lut deux proclamations adressées, l'une, au *Peuple français*, l'autre, à *l'Armée*, et dans lesquelles il avait résumé la tradition impériale : amour du peuple, culte de l'armée, appel à la confiance de l'un et au concours spontané de l'autre.

Le 30 octobre, à cinq heures du matin, le colonel Vaudrey présenta le Prince au 4e régiment d'artillerie, qui l'accueillit avec enthousiasme. On se rendit alors à la caserne de la Finckmatt, occupée par le 46e de ligne ; les soldats de ce régiment mêlèrent leurs acclamations aux cris de *Vive Napoléon* ! poussés par les artilleurs.

Déjà le Prince était maître de Strasbourg, et le succès de sa tentative semblait assuré lorsqu'un officier du 46e, le lieutenant Pleignier, logé dans la caserne, descend de sa chambre, se mêle aux soldats, essaye de les ramener, et, pour y réussir, a recours à une imposture. Il dit aux soldats qu'au lieu d'un héritier de l'Empereur, ils n'ont devant eux qu'un aventurier, usurpateur d'un nom et d'un titre qui ne sont pas les siens. A ces mots, les soldats deviennent hésitants.

Au moment même arrive le colonel Taillandier, avec un capitaine d'état-major ; ils reprennent l'affirmation mensongère du capitaine Pleignier, et disent aux soldats : « Ce n'est pas le neveu de l'Empereur, c'est le neveu du colonel Vaudrey. » Le capitaine d'état-major ajoute : « Je le reconnais. »

Ces affirmations changent les dispositions du 46e de ligne qui se croit joué. Les artilleurs et la foule continuent à crier : *Vive l'Empereur* ! et la lutte va s'engager, lorsque le Prince qui ne veut pas que son entrée en France soit marquée par un conflit sanglant, se rend prisonnier pour empêcher des Français de s'entretuer.

On le conduit à la Prison-Neuve, et, en y entrant, il dit à ceux qui l'entourent cette parole qui peint bien la noblesse de ses sentiments : « Au moins, je ne mourrai pas dans l'exil ! »

Le Prince resta neuf jours en prison et au secret ; le 9 novembre, malgré ses protestations, car il voulait être jugé avec ses amis, on le fit monter en chaise de poste ; le 11, il arrivait à Paris ; quelques heures après, on le dirigeait sur Lorient où il fut embarqué à bord de la frégate l'*Andromède* qui le transporta aux États-Unis.

Pendant ce temps, on instruisait le procès de ses amis ; sept avaient été arrêtés : MM. Vaudrey, Laity, Parquin, de Quérelles, de Gricourt, de Bruc, et madame Éléonore Brault, veuve Gordon. Six avaient pu échapper aux recherches, c'étaient MM. de Persigny, du Penhoat, Pétry, Gros, de Shaller et Lombard. Ils furent tous acquittés par la cour d'assises du Bas Rhin.

Le Prince ne devait pas rester longtemps aux États-Unis. La santé de la reine Hortense traversait une crise dangereuse, et une lettre qu'elle écrivit le 3 avril 1837 à son fils, et dans laquelle, en prévision de sa mort qui pouvait être prochaine, elle lui envoyait des conseils et sa bénédiction, détermina sa rentrée en Europe. Il arriva à Arenenberg au mois d'août. Les pressentiments de la reine ne l'avaient pas trompée, et le 5 octobre, le Prince lui ferma les yeux.

Tout entier à sa douleur, il se retira dans le petit château de Gottlieben à peu de distance de Constance, et chercha des consolations dans le travail ; mais les événements devaient bientôt le forcer à quitter cette retraite. Au mois de juillet 1838, le gouvernement français demanda à la Suisse son expulsion. La Suisse ayant courageusement refusé, M. Molé, alors ministre des affaires étrangères du roi Louis-Philippe, envoya, le 1er août, une note comminatoire au gouvernement fédéral, puis, comme cette note était restée sans effet, des troupes furent dirigées vers la frontière de la confédération.

La guerre était imminente; déjà la Suisse préparait des levées, et les volontaires accouraient de toutes parts, lorsque le 22 septembre le Prince adressa au landamann Anderwert, président du Petit Conseil du canton de Thurgovie, une lettre dans laquelle il lui disait que ne voulant pas être cause d'un conflit dont la Suisse pourrait être la victime, il allait partir.

Peu de jours après, en effet, il quitta Arenenberg, et se rendit en Angleterre où il composa son beau livre : *Des Idées napoléoniennes*, qui parut en juillet 1839.

Le Prince resta à Londres jusqu'au mois d'août 1840, époque à laquelle eut lieu la tentative de Boulogne. Il avait frêté le bateau à vapeur le *Chateau-d'Edimbourg*; il y embarqua des chevaux, des armes, des uniformes, et invita ses amis à aller l'y joindre. Aucun d'eux n'hésita, et quoique les préparatifs matériels et visibles annonçassent une expédition, pas un ne songea à provoquer des explications qu'ils attendaient tous de son initiative. Aux amis de Strasbourg s'étaient joints le général de Montholon, le colonel Voisin, le commandant de Mésonan, le lieutenant-colonel Laborde, le docteur Conneau, MM. Bataille, Bouffet de Montauban, Forestier, Napoléon Ornano, et plusieurs autres, en tout cinquante-cinq personnes d'un dévouement absolu.

Cette expédition n'était pas faite à la légère : peu de temps avant, MM. de Mésonan, Parquin, Lombard et Aladenise s'étaient mis en rapport avec de hauts fonctionnaires militaires et civils, et le 5 août le Prince pût affirmer à ses compagnons qu'ils trouveraient en France *des amis puissants et dévoués, de nombreux auxiliaires* qui avaient fait *espérer* leur concours.

C'est à trois heures du matin, le 6 août, que le *Chateau-d'Edimbourg* aborda sur la plage de Wimereux, à une demi-lieue environ de la ville de Boulogne. A cinq heures, le Prince, escorté des cinquante-cinq amis qui l'accompagnaient, se présenta à la porte de la caserne, où se trouvaient deux compagnies du 42e d'infanterie de ligne, et où l'attendait un homme dévoué à sa cause, le lieutenant Aladenise, arrivé le matin même de Saint-Omer.

Aussitôt le rappel est battu, les soldats descendent de leurs chambrées, et le Prince, dans un discours bref et énergique, leur dit qui il est et ce qu'il veut. Des cris de *vive Napoléon!* vigoureusement poussés par les sous-officiers et les soldats, lui repondent; et une partie considérable de la population civile de Boulogne, attirée par ce mouvement inaccoutumé, fait écho, comme à Strasbourg, à l'accueil chaleureux de la garnison.

Tout semblait terminé, lorsque survint du logement qu'il occupait en ville, le capitaine Col-Puygellier, commandant les deux compagnies du 42e, et qui n'avait pas été mis dans la confidence. Il fait des efforts énergiques pour entrer dans la caserne, dont la porte est occupée par les amis du Prince, et rappelle les soldats à leur devoir, en leur disant qu'on les trompe. Dans ce tumulte, le Prince, pressé, heurté, et tenant à sa main un pistolet, uniquement destiné à sa défense, en presse involontairement la détente, et la balle va frapper au visage le grenadier Geoffroy.

Cet incident, dénué de toute préméditation, jette l'indécision parmi les soldats, et permet au capitaine Col-Puygellier de reprendre une partie de son ascendant. De son côté, le Prince ne veut, comme à Strasbourg, engager aucune lutte armée; et, suivi des siens, il se dirige vers la haute ville, dont les portes, précipitamment fermées, ne peuvent être enfoncées.

Cependant, toutes les forces de Boulogne, la gendarmerie, la garde nationale, les deux compagnies du 42e se réunissaient. Les amis du Prince le pressent de se rembarquer; il refuse, et veut mourir sur le sol français. Alors, on l'enlève de force et on le jette dans un canot à sec, que l'on traîne à la mer avec les plus grands efforts. Sur ces entrefaites, et pendant que ces hommes luttent contre les vagues, la garde nationale arrive la première et fait feu. Elle était pourtant commandée par un vieux et brave soldat de l'Empire, le colonel Sansot; mais ses gardes firent du zèle et s'acharnèrent sur des hommes désarmés. Le colonel Voisin reçut trois balles, le sous-intendant Galvani quatre. Le sous-intendant Faure fut tué, le comte d'Hunin noyé.

Quoique atteint d'une balle au bras et en ayant reçu deux autres dans ses habits, le Prince regagnait, en nageant le *Chateau-d'Edimbourg*, resté au large, lorsqu'il fut dépassé, arrêté et enlevé par une embarcation mise à sa poursuite et dirigée par le capitaine du port Pollet, et ramené à terre.

Le 28 septembre, le prince comparut devant la Chambre des pairs, en compagnie de dix-huit de ses compagnons. Deux étaient en fuite; les autres n'avaient pas été arrêtés ou avaient été relâchés faute de preuves.

Le Prince, après avoir développé les idées dont il était le représentant, et avoir été éloquemment défendu par M. Berryer, son avocat, fut condamné à un emprisonnement perpétuel : ses compagnons furent frappés de peines variant entre vingt ans de détention et deux ans de prison.

En exécution de l'arrêt de la Cour des pairs, le Prince Louis-Napoléon fut conduit, le 7 octobre, au château de Ham, où le comte de Montholon, le docteur Conneau et le fidèle Thélin eurent la permission d'être enfermés avec lui. Il y resta six ans.

Pendant ce temps, il écrivit divers ouvrages : les *Fragments historiques*, parallèle entre la révolution de 1688, opérée en Angleterre par Guillaume d'Orange, et la révolution de 1830, opérée par Louis-Philippe; la *Reponse à M. de Lamartine* : un travail sur *l'Extinction du Pauperisme;* un autre sur la *Question des sucres*; un *Projet de loi de recrutement de l'armée*; une étude sur *le Canal de Nicaragua*, et enfin *le Passé et l'Avenir de l'Artillerie*.

Au mois de décembre 1845, le Prince apprit que son père, le roi Louis, était malade à Florence, et désirait le voir avant de mourir. Il écrivit aussitôt à M. Duchâtel, ministre de l'intérieur, afin d'obtenir l'autorisation d'aller à Florence, offrant de donner sa parole d'honneur de revenir à Ham. On exigea qu'il demandât sa grâce : trop fier pour s'humilier, il refusa, et songea dès lors à une évasion.

L'occasion favorable pour exécuter ce projet se fit longtemps attendre, mais enfin, le 26 mai 1846, à sept heures du matin, le Prince put sortir de Ham, déguisé en ouvrier. Il gagna Valenciennes, passa la frontière à Quiévrain, et se rendit d'abord à Bruxelles, puis en Angleterre. De là, il voulut aller à Florence, mais on lui refusa les passeports nécessaires, et son père mourut sans qu'il eût pu le voir une dernière fois.

Cependant les événements se précipitaient en France : la révolution 1848 avait renversé Louis-Philippe, et le Prince pensa alors qu'il pouvait revenir de l'exil, mais, à peine était-il arrivé à Paris, que le gouvernement provisoire lui envoya l'ordre de s'éloigner.

Le 6 juin, les électeurs le vengeaient en le nommant député dans quatre départements et notamment dans celui de la Seine ; mais, ayant appris que cette élection avait servi de prétexte à des troubles, le Prince resta à Londres et envoya sa démission.

Le 17 septembre, eurent lieu de nouvelles élections partielles : le prince Louis-Napoléon fut nommé dans six départements ; cette fois il vint à Paris, et siégea à l'Assemblée sans rencontrer d'opposition. Quelques jours après il fut violemment attaqué à la tribune par Clément Thomas qui l'accusait de conspirer en vue de s'élever à la Présidence de la République. Le Prince était absent ce jour-là ; le lendemain il demanda la parole, et répondit, dans un langage net et énergique qu'il acceptait du sentiment populaire la candidature à la Présidence qu'il n'avait pas recherchée.

Les républicains de différentes nuances lui opposèrent trois candidats : le général Cavaignac et MM. Ledru-Rollin et Raspail ; mais le premier était seul un adversaire sérieux, car il était au pouvoir et avait, par conséquent, l'appui des fonctionnaires.

Malgré cela, le 10 décembre, Louis-Napoléon fut élu par 5,562,834 voix, contre 1 149,166 données au général Cavaignac. MM. Ledru-Rollin et Raspail n'avaient obtenu qu'un nombre de suffrages insignifiant.

Dès qu'il eut été proclamé président de la République, le Prince annonça à l'Assemblée son intention de faire appel à tous les hommes honnêtes et capables, quelles que fussent leurs opinions, et de veiller avant tout au maintien de la paix et de l'ordre. L'Assemblée constituante était d'ailleurs arrivée au terme de son existence, et le 14 février 1849, elle décida, sur la proposition de M. Rateau, amendée par M. Lanjuinais, qu'elle se dissoudrait après avoir, toutefois, voté la loi électorale, la loi sur le conseil d'Etat, la loi sur la responsabilité des agents de la force publique et le budget. Le 13 mai 1849, eurent lieu les élections générales qui furent un mélange surprenant de bon et de mauvais, et le 28 l'Assemblée nouvelle se constitua.

Dans l'intervalle, de graves événements s'étaient passés en Italie. Une révolution avait éclaté dans les États-Romains : le Pape s'était réfugié à Gaëte, et une Assemblée constituante, réunie à Rome, avait proclamé sa déchéance. D'autre part, le roi de Sardaigne, Charles-Albert, vaincu à Novare, par le feld-maréchal Radetzky, avait dû subir la paix et avait abdiqué après l'avoir signée. Une réaction était imminente, si l'Autriche restait chargée de réduire Rome, envahie par les débris des forces insurrectionnelles, et la question était de savoir comment on parviendrait à concilier, en Italie, l'ordre, l'indépendance nationale et la papauté.

Qu'y avait-il à faire? Deux choses étaient possibles, si la France intervenait.

Il fallait négocier à Vienne, pour obtenir les meilleures conditions possibles à la Sardaigne vaincue, et occuper Rome, pour ramener et rétablir le Pape, au prix de garanties administratives raisonnables et pratiques.

Un corps expéditionnaire fut donc envoyé dans les États-Romains, sous les ordres du général Oudinot; mais, par suite d'une grave imprudence, le général Oudinot s'étant présenté devant Rome avec une faible partie de ses troupes, subit un échec. Aussitôt, les démagogues de l'Assemblée cherchèrent à entraver l'expédition et obtinrent un ordre du jour dans ce sens; mais le Prince Président, qui avait à cœur l'honneur du drapeau français, n'en tint pas compte et écrivit au général Oudinot pour lui annoncer des renforts. Cette lettre exaspéra la partie de l'Assemblée qui s'était affublée du titre grotesque de *la Montagne*, et M. Ledru-Rollin demanda, dans la séance du 10 mai, la reconnaissance du gouvernement romain, et la mise en accusation du Prince Président. Cette double proposition fut repoussée à plus de 100 voix de majorité.

Le 19 mai, les renforts annoncés par le Prince étaient arrivés devant Rome, et le siége avait commencé; le feu des batteries fut ouvert le 13 juin.

Ce même jour, une émeute avait lieu à Paris; M. Ledru-Rollin avait déclaré le 11 juin à l'Assemblée que l'expédition de Rome violait la Constitution et que ses amis et lui la défendraient les armes à la main. Le général Changarnier n'eut guère de peine à disperser les manifestants, et M. Ledru-Rollin, qui s'était réfugié à l'École des Arts et Métiers, dut opérer une fuite ridicule par un vasistas, pour ne pas tomber entre les mains des soldats.

Le 30 juin, Rome était prise, et depuis cette époque jusqu'en 1870, nos soldats ne cessèrent de protéger le pape contre les entreprises de l'Italie. Mais, dans le premier moment, les trois cardinaux, envoyés par le Saint-Père pour prendre possession de Rome, abusèrent de leurs pouvoirs et leur arrivée fut le signal d'une réaction violente.

C'est alors que le Prince Président adressa au chef

d'escadron Edgar Ney une lettre célèbre où se trouvaient les passages suivants :

« Dites de ma part au général Rostolan qu'il ne doit pas permettre qu'à l'ombre du drapeau tricolore on commette aucun acte qui puisse dénaturer le caractère de notre intervention.

« Je résume ainsi le rétablissement du pouvoir temporel du pape : amnistie générale, sécularisation de l'administration, Code Napoléon, et gouvernement libéral. »

Le pape fit droit à ces réclamations, en partie du moins, mais c'est dans la politique intérieure de la France que la lettre à M. Edgar Ney eut le plus grand contre-coup, car elle amena la chute du ministère dirigé par M. Odilon Barrot et M. Dufaure, et la substitution de la direction du Prince Président à celle de l'Assemblée.

Le Prince, qui s'était vu abandonné par son propre cabinet dans la séance du 20 octobre, appela au ministère des hommes dévoués à ses idées, et entre autres MM. Rouher et Fould, qui devaient, plus tard, jouer un rôle si important sous son règne.

A partir de ce moment, la lutte entre le Président et l'Assemblée s'accentua chaque jour davantage. Cependant, après les élections socialistes qui eurent lieu à Paris le 10 mars 1850, une tentative de rapprochement fut faite ; les chefs des anciens partis, MM. Molé, Thiers, de Montalembert, de Broglie, Berryer et le général de Saint-Priest, vinrent à l'Élysée où ils eurent une conférence avec le Prince.

M. de Montalembert proposa de former un ministère avec les chefs de la majorité. M. Molé se rallia le premier à cette idée ; après lui, M. Thiers s'exprima en ces termes : « Devenir le ministre d'un gouvernement, c'est, à mes yeux, contracter mariage avec lui. La République est une fille, et il m'en coute beaucoup de l'épouser. Cependant, comme c'est peut-être le seul moyen de sauver le pays, je suis prêt à donner mon consentement. »

L'opposition énergique de M. de Broglie empêcha de donner suite à ce projet, et l'entrevue n'eut pas de résultats.

Toutefois, les chefs de la majorité, qui n'avaient pu former un ministère, cherchèrent une autre voie pour assurer leur domination. Ils s'attaquèrent au suffrage universel, songèrent à le mutiler et proposèrent au Président de la République de s'associer à leur dessein.

Le prince Louis-Napoléon, dont la politique avait toujours été fondée sur le suffrage universel, et qui devait à sa libre expression le pouvoir dont il était investi, repoussa sans hésiter la proposition des chefs des anciens partis monarchiques. Loin de se défier des masses populaires, il attendait de leur bon sens et de leurs instincts conservateurs le moyen de réduire la turbulence des minorités. Cependant ces chefs insistèrent, en promettant leur concours pour constituer dans l'Assemblée une majorité compacte, constante, base nécessaire d'un gouvernement régulier. Le caractère modéré et conciliant du Prince lui fit prêter l'oreille à ces propositions; mais, il exigea que les hommes politiques qui étaient les véritables promoteurs de la loi en prissent la responsabilité, et qu'elle fût portée à l'Assemblée par eux-mêmes et par eux seuls.

Le 31 mai, la nouvelle loi électorale fut votée; elle maintenait le scrutin de liste par département et le vote au canton, et imposait aux électeurs un domicile de trois ans dans la même commune.

Cette dernière disposition eût pour conséquence de supprimer d'un seul coup trois millions d'électeurs. Le ministère était resté neutre, dans l'espérance de rallier toutes les fractions conservatrices, mais cette espérance fut déçue, et peu de temps après, l'hostilité de l'Assemblée envers le Président éclata publiquement.

Le gouvernement, en présence du désordre laissé dans l'administration par le régime de Février, avait cru devoir demander le droit de nommer les maires, en les choisissant dans les conseils municipaux : les légitimistes s'unirent aux démagogues et firent repousser la loi. Puis, l'Assemblée se prorogea, après avoir pris soin toutefois de nommer une commission de permanence, composée en majorité d'adversaires du Président de la République.

Le Prince prit alors le parti de se rapprocher de la nation par des voyages successifs en Bourgogne, en Alsace, en Normandie, afin que les masses qui l'avaient porté au pouvoir fussent mises en demeure de manifester leurs sentiments. Partout il fut accueilli avec enthousiasme, et il acquit ainsi la conviction que les populations étaient dévouées à son nom, à ses doctrines et à sa personne.

Ces voyages mécontentèrent l'Assemblée; à peine fut-elle rentrée, qu'elle commença une guerre incessante contre le Président. Elle voulut s'attribuer le droit de disposer des troupes, droit qui en vertu de la constitution appartenait au pouvoir exécutif. Le Prince Louis-Napoléon mit un terme à cette prétention en destituant le général Changarnier, auquel il avait donné précédemment le double commandement de la première division militaire et des gardes nationales de la Seine, et qui n'avait usé de cette situation que pour faire une opposition active au gouvernement.

Bientôt après, dans les premiers jours de 1851, une question des plus graves fût soulevée : celle de la révision de la Constitution. Tout le monde comprenait combien était défectueuse cette constitution qui plaçait en présence deux pouvoirs rivaux, le Président de la République et l'Assemblée, tirant tous deux leur origine directement de la même source, le suffrage universel. Mais ce qu'on blâmait surtout dans la Constitution, c'était l'article 45, aux termes duquel le Président ne pouvait être réélu. Or, l'opinion publique était depuis longtemps frappée de la nécessité de donner de la stabilité au pouvoir, en maintenant le Président à la tête des affaires bien au-delà du terme fixé, c'est-à-dire des quatre années, à la fin desquelles il devait se retirer.

Alors, se dessina un mouvement d'opinion qui ébranla tout et qui entraîna tout. Quarante-quatre conseils généraux avaient, dès 1850, demandé que la Constitution fut revisée ; du 5 mai au 13 juin 1851, 13,294 pétitions dans ce sens, portant *un million cent vingt-trois mille six cent vingt-cinq* signatures, toutes légalisées, furent déposées sur le bureau de l'Assemblée. Enfin *deux cent trente-deux députes* signèrent une proposition tendant au même but.

Malheureusement pour la révision, les difficultés élevées contre elle par la Constitution étaient à peu près insurmontables. La majorité exigée pour la révision était des trois quarts des suffrages. Sur une Assemblée de 750 membres, 180 voix opposantes suffisaient donc pour qu'il n'y eût point majorité. Or, le parti républicain disposait de 220 voix ; et le *National*, son organe, faisait, le 26 mai, la déclaration suivante : « La révision ne passera pas, parce que les républicains qui siégent à l'Assemblée sont assez nombreux pour l'empêcher. »

Et, en effet, la révision ne passa pas ; elle fut repoussée le 20 juillet, bien qu'elle eût obtenu 446 voix sur 734, c'est-à-dire 278 voix de majorité ordinaire.

La France ne ratifia pas la décision de la Chambre, et, dans leur session du mois d'août, 80 conseils généraux sur 85 demandèrent que la Constitution fut revisée.

En conscience, étaient-ce les 278 voix opposantes de l'Assemblée, ou bien les pétitionnaires et les conseils généraux qui exprimaient la véritable opinion de la France?

Il était temps qu'un peu de calme succédât à tant d'agitation. L'Assemblée se prorogea du 10 octobre au 4 novembre.

Deux choses étaient évidentes :

La France voulait continuer les pouvoirs du Prince Louis-Napoléon.

L'Assemblée ne le voulait pas.

Pour accomplir leur dessein par les voies légales, les pétitionnaires et les conseils généraux avaient demandé la révision de la Constitution; — pour s'opposer à leurs vœux, l'Assemblée l'avait rejetée.

Au point de vue de la morale, de la justice, de la souveraineté nationale, qui devait prévaloir en définitive, des 278 voix opposantes de l'Assemblée, ou du pays à peu près tout entier?

Telle était la question qui se posait.

L'obstacle direct et immédiat à la révision, ardemment demandée par le pays, c'était l'article III de la Constitution, qui exigeait une majorité des trois quarts des votants.

L'obstacle moral, passionné, intéressé, c'était le parti républicain, secondé par un groupe orléaniste.

L'article III, c'est-à-dire la légalité de forme, servait à abriter derrière elle la minorité républicaine, tenant en échec le pays tout entier. Or, en faisant la Constitution de 1848 sans consulter le peuple, le parti républicain avait violé la souveraineté nationale, principe sur lequel reposent toutes les républiques démocratiques; et par conséquent il avait par avance enlevé à cette Constitution la légitimité d'origine sans laquelle aucun respect ne lui était dû.

Quand il s'agit de gouvernement à fonder, tout ce qui se fait sans le consentement de la nation est nul de soi; et un appel au peuple reste toujours ouvert contre les régimes qui, en s'établissant, n'ont pas reçu la consécration de la souveraineté nationale.

A aucune péoque de sa carrière si agitée, le Prince Louis-Napoléon Bonaparte ne s'arrêta à la pensée de recourir à la force pour s'approprier le pouvoir; mais il n'hésita jamais à considérer le recour à la force comme légitime en soi, lorsque, en présence d'un gouvernement établi par voie d'usurpation sur la souveraineté nationale, la force avait pour objet de restituer au peuple le droit dont il avait été dépouillé.

Le Prince était donc résolu à faire un appel au peuple, si la France reconnaissait qu'on n'avait pas eu le droit de disposer d'elle sans elle : or, les deux millions de pétitionnaires qui avaient protesté contre la Constitution, et les quatre-vingts conseils généraux qu avaienit demandé qu'elle fut revisée, venaient de faire nettement cette déclaration.

Un plébiscite prochain ne pouvait donc pas être douteux pour aucun de ceux qui connaissaient la résolution du Président de la République, à partir du moment où venait de se réaliser le cas dans lequel ce plébiscite lui était imposé par la volonté de la France.

Le ferait-il d'accord avec l'Assemblée?

Le ferait-il sans l'Assemblée et contre elle?

Inévitable et résolu au fond, l'appel au peuple ne laissait plus à examiner à ce moment, que la forme et les circonstances dans lesquelles il serait exécuté.

Le Prince préférait de beaucoup agir d'accord avec l'Assemblée, mais il était bien obligé de prévoir le cas où cet accord ne pourrait pas être obtenu.

Il s'arrêta donc au principe qui l'avait toujours dirigé; et, dans le cas où l'Assemblée lui refuserait son concours, il résolut de placer l'appel au peuple sous le patronage élevé, impartial et désintéressé de l'armée.

L'Assemblée reprit ses travaux le 4 novembre et le Prnice lui adressa un Message où il proposait, comme un des moyens les plus propres à calmer les passions, l'abrogation de la loi du 31 mai 1850, qui avait supprimé trois millions d'électeurs. Mais l'Assemblée était aveuglée par ses rancunes et elle maintint la loi du 31 mai à la majorité absolue d'une voix sur sept cents votants.

Le 7 novembre, les trois questeurs présentèrent une proposition tendant à donner au président de l'Assemblée le droit de requérir la force armée et toutes les autorités dont il jugerait le concours nécessaire, et d'adresser directement les réquisitions à tous les officiers, commandants ou fonctionnaires. En même temps, le conseil d'Etat déposait le projet de loi relatif à la responsabilité du Président de la République; et ce projet contenait cette disposition significative : « *Lorsque le Président de la République est accusé, il cesse ses fonctions.* »

Ainsi on voulait d'abord enlever au prince Louis-Napoléon le droit de donner des ordres à l'armée, et ensuite le déposer par un décret d'accusation. C'était un véritable coup d'Etat tenté contre l'élu de la nation; mais l'opinion publique, qui comprit le but qu'on poursuivait, se montra si hostile, que l'Assemblée n'osa pas voter la proposition des questeurs.

Cependant la situation s'aggravait de jour en jour, et il devint bientôt évident qu'on serait obligé de recourir à une solution violente. Chaque jour, des bruits de coup d'Etat circulaient dans Paris : tantôt on annonçait que l'Assemblée avait l'intention de faire enfermer le Prince à Vincennes, tantôt que le Prince se disposait à dissoudre l'Assemblée. Ces bruits étaient également fondés, et si l'Assemblée ne fit pas le coup d'Etat qu'elle avait projeté, ce fut parce qu'elle n'en eût pas le temps, et que le Prince, tenu au courant de ses projets, la prévint.

Dans la nuit du 1er décembre, il donna ses ordres à MM. de Morny, de Maupas, de Saint-Arnaud, Magnan, et de Béville, les seules personnes qui furent mises dans la confidence, et le 2, à sept heures du matin, des affiches annonçaient la dissolution de l'Assemblée, le rétablissement du suffrage universel, et convoquaient le peuple français dans ses comices à partir du 14 décembre jusqu'au 21 décembre suivant.

Soixante-dix-huit arrestations avaient été opérées, entre autres celles de M. Thiers et des généraux Changarnier, Cavaignac, Lamoricière, Le Flô et Bedeau. La population parisienne était restée indifférente; le lendemain cependant, les socialistes tentèrent d'élever quelques barricades dans les quartiers excentriques, mais la troupe les eut bientôt dispersés. Il y eut aussi dans douze départements des émeutes assez graves qui furent aussitôt réprimées.

Le 21 décembre, le peuple approuvait par 7,439,216 voix contre 640,733, l'acte d'énergie par lequel le Prince Louis-Napoléon avait sauvé la France. Lorsque M. Ba roche, à la tête de la commission consultative, vint apprendre officiellement ce résultat au Prince Président, celui-ci lui répondit par une courte allocution de laquelle nous extrayons le passage suivant : « La France a répondu à l'appel loyal que je lui avais fait. Elle a compris que *je n'étais sorti de la légalité que pour rentrer dans le droit. Plus de sept millions de suffrages viennent de m'absoudre, en justifiant un acte qui n'avait* d'autre but que d'épargner à notre patrie, et à l'Europe peut-être, des années de troubles et de malheurs. »

Le plébiscite des 20 et 21 décembre avait posé les bases de la future Constitution. Elle devait contenir cinq institutions, sanctionnées par le peuple ; à savoir :

Un chef responsable nommé pour dix ans ;

Des ministres dépendant du pouvoir exécutif seul ;

Un conseil d'État préparant les lois et en soutenant la discussion devant le Corps législatif ;

Un Corps législatif, discutant et votant les lois, nommé sans scrutin de liste.

Cette Constitution, promulguée le 15 janvier 1852, reçut promptement son exécution.

Le 2 fut créé le ministère d'État, intermédiaire indispensable entre le Chef de l'État et les Ministres, depuis la suppression des présidents du Conseil.

Le 26, le Sénat fut institué et les Sénateurs furent nommés. Le même jour, le Conseil d'Etat fut établi, son organisation réglée et son personnel désigné.

Le 2 fevrier, fut publié le décret organique du Corps législatif, et, le 17, celui qui réglait le régime de la presse.

Le 1er mars eurent lieu les élections au Corps législatif ; et, le 20, le Président inaugura, en personne, les travaux des grands corps de l'État, au Palais des Tuileries, devenu, depuis le 1er janvier, sa résidence officielle.

La période comprise entre le 31 décembre 1851, jour de la proclamation du plébiscite, et le 29 mars 1852, jour où le Président de la République inaugura les grands pouvoirs, créés par la Constitution, avait été remplie par un régime de dictature transitoire. Cette période fut marquee par des actes nombreux et considérables.

Le premier en date est le décret du 23 janvier, en vertu duquel, conformément aux règles établies, les biens frauduleusement donnés par le roi Louis-Philippe à ses enfants étaient restitués au domaine de l'État.

L'article 4 de ce décret était ainsi conçu :

« Les biens faisant retour à l'État seront vendus en partie à la diligence de l'administration des domaines, *pour le produit en être réparti aux sociétés de secours mutuels, à l'amélioration des logements des ouvriers dans les grandes villes manufacturières, à l'établissement d'institutions de crédit foncier dans les départements, à l'établissement d'une caisse de retraite au profit des desservants les plus pauvres.* Le surplus des biens énoncés dans l'article 1er sera réuni à la dotation de la Légion d'honneur. »

Ce sont ces biens qu'au moment où la France épuisée devait payer cinq milliards à la Prusse, les princes d'Orléans n'ont pas craint de réclamer, augmentant ainsi de cinquante millions les charges imposées aux contribuables !

Parmi les autres décrets signés par le Prince, il faut citer encore celui du 18 mars ordonnant l'achèvement du Louvre, et celui du 21 mars créant la médaille militaire.

Le 14 septembre, le Prince voulant s'assurer des sentiments de la France à son égard, partit pour ce voyage dans le Midi pendant lequel la confiance et le dévouement des populations firent explosion, et lui imposèrent le rétablissement de l'Empire.

Partout, à Bourges, à Nevers, à Moulins, à Lyon, à Grenoble, à Marseille, à Toulouse, le Prince fut accueilli par des cris enthousiastes de : *Vive l'Empereur* ! Ces manifestations spontanées lui tracèrent la ligne de conduite qu'il devait suivre, et, le 9 octobre, à Bordeaux, il prononça le célèbre discours où, après avoir exposé ses idées de gouvernement, il disait : « L'Empire, c'est la paix ! » Dans sa conviction, ces paroles étaient un programme, et, si par la suite il a été forcé d'y déroger, nous verrons que ce fut toujours malgré lui et parce que les circonstances et l'intérêt de la France lui imposèrent le devoir de faire la guerre.

Après le discours de Bordeaux, l'Empire était virtuellement rétabli. Le 7 novembre, le Sénat vota à l'unanimité moins une voix un sénatus-consulte aux termes duquel Louis-Napoléon Bonaparte devenait Empereur sous le nom de Napoléon III. Les 21 et 22 novembre, ce sénatus-consulte fut soumis à un plébiscite et ratifié par 7,824,189 voix contre 253,145.

Le 2 décembre, à dix heures du matin, le Préfet de la Seine proclama l'Empire du haut des marches de l'Hôtel de Ville, au milieu des acclamations enthousiastes de la foule; à deux heures, après une revue passée par l'Empereur, dans la cour du Carrousel, le maréchal de Saint-Arnaud, ministre de la guerre, le proclama devant l'armée, et M. de Persigny, ministre de l'intérieur, devant la garde nationale.

Quelques jours après, le nouveau gouvernement était reconnu par toutes les puissances qui avaient accueilli avec joie la nouvelle de la chute de la République et de l'établissement en France d'un pouvoir stable et fort.

Ainsi était relevé, le 2 décembre 1852, le trône impérial, brisé en 1815 par les baïonnettes étrangères, et non par le peuple, qui conserva inaltérables son respect et son affection au fondateur de la dynastie des Napoléon.

Le premier acte important qui marqua la restauration de l'Empire fut le mariage de l'Empereur. Il fut connu le 16 janvier 1853 ; le bureau du Sénat, celui du Corps législatif et le Conseil d'État tout entier furent convoqués pour le 22, afin d'en recevoir la communication officielle.

L'Empereur avait rencontré, admiré, aimé, une noble jeune fille d'origine espagnole, d'une grande naissance, élevée en France, mademoiselle Eugénie de Montijo, ayant dans sa famille trois Grandesses de première classe, et portant le titre de comtesse de Téba. Sa beauté était merveilleuse, sa distinction exquise, son esprit orné et charmant.

Le mariage civil eut lieu aux Tuileries le 29 janvier; le lendemain, le mariage religieux fut célébré à Notre-Dame, avec toute la pompe possible.

La vieille basilique de Notre-Dame était splendidement tendue des plus belles tapisseries du garde-meuble. Des estrades avaient été dressées dans les bas-côtés ; les sénateurs, les députés, les conseillers d'État en grand costume, y étaient rangés avec leurs familles; tous les maires des chefs-lieux des départements avaient été conviés ; toutes les personnes de distinction avaient été admises. L'église, éclairée par quinze mille bougies, était remplie jusqu'aux voûtes.

C'est au milieu de cette foule compacte, respectueuse, profondément émue, que s'avança l'Empereur donnant la main à l'Impératrice, et précédé de l'archevèque et du clergé, qui étaient allés recevoir l'auguste couple sous le porche.

Dès que Leurs Majestés parurent dans la nef, la sainteté du lieu fut impuissante à contenir l'explosion du sentiment public, qui éclata comme un tonnerre en cris de *vive l'Empereur* ! et de *vive l'Impératrice* !

C'est surtout sur l'Impératrice que les regards se portèrent. Connue seulement de quelques salons du grand monde où elle s'était produite, Paris ne la connaissait pas. On était avide de contempler cette jeune héroïne, qui devait un trône à sa beauté. L'opinion de cette foule immense fut formée et devint unanime en un seul instant. Dès les premiers pas dans la nef de Notre-Dame, l'Impératrice avait séduit tous les regards et conquis tous les cœurs. Sa merveilleuse beauté s'accrut encore de sa noblesse et de sa modestie. Elle parut à tous digne de son rang et de sa fortune, et l'élan d'enthousiasme qui la salua fut à la fois universel et sincère.

Voilà donc l'Empire rétabli, constitué, entouré de ses grands pouvoirs ; et voilà l'Empereur marié, son foyer rempli, sa maison réglée. Il avait, libre ou prisonnier, travaillé vingt ans à se préparer au gouvernement ; tous les problèmes, il les avait sondés ; toutes les questions, il les avait soigneusement étudiées et théoriquement résolues. Il n'était pas homme à garder stérile dans ses mains le pouvoir que le peuple lui avait conféré.

Deux sortes de questions devaient occuper et remplir sa vie : celles qu'il provoquerait par sa libre initiative, et celles que lui imposeraient les événements. Tous les gouvernements ont à subir les secondes ; peu se montrent soucieux de se créer spontanément les premières.

C'est par celles-là qu'il commencera. Il ne se croyait pas sur le trône seulement pour régner, mais pour agir conformément à ses principes et à ses études, et pour réaliser les réformes et les améliorations qu'il avait conçues dans la vie privée.

La prospérité publique et privée, l'amélioration du sort du plus grand nombre, la légitime et nécessaire élévation de la France dans l'opinion de l'Europe, telle avait été la préoccupation constante et dominante de sa pensée. Les grands travaux, l'élan donné à l'industrie, au commerce, à l'agriculture, lui parurent le premier et le plus sûr moyen d'atteindre son but, en sollicitant la confiance des capitaux et l'initiative des entreprises. Son esprit se trouva ainsi naturellement porté vers la création d'institutions financières, qui fussent des instruments de crédit.

Deux établissements devaient, dans la pensée du nouveau Souverain, puissamment concourir au développement du crédit et des industries : c'étaient la *Banque foncière de Paris*, devenue la *Société du Crédit foncier de France*, et la *Société générale du Crédit mobilier*.

Ces deux établissements destinés, l'un, à prêter sur

hypothèque à l'agriculture, l'autre à faciliter le développement de l'industrie, ont rendu de très-grands services.

Après avoir créé ces deux instruments de crédit et de travail, l'Empereur s'occupa d'améliorer la situafion des classes ouvrières. Dans ce but, il favorisa l'organisation des sociétés de secours mutuels dont le nombre qui était en 1851 de 2,237, fut plus que doublé en 16 ans puisqu en 1867, on en comptait 5,829 comprenant 112,205 membres honoraires et 750,590 membres participants.

En même temps, l'Empereur faisait construire de nombreuses maisons ouvrières, et donnait sur sa cassette des sommes importantes pour l'amélioration des logements ouvriers dans les grandes villes manufacturières. Il ne négligeait pas non plus les intérêts des populations actives et laborieuses des campagnes.

A ces populations attachées au sol il ne faut que deux choses: de la sécurité, pour produire; des débouchés, pour placer facilement leurs produits.

L'Empire donnait la sécurité; l'Empereur s'attacha à faciliter la vente des produits, en imprimant une impulsion nouvelle et extraordinaire à l'établissement des chemins de fer.

L'année 1852 vit concéder deux mille kilomètres de chemins de fer; l'année 1853 en vit concéder plus de deux mille.

Ce réseau déjà considérable, se développera d'année en année, pendant toute la durée du règne, et recevra son complément logique et nécessaire, le 22 juillet 1861 par l'établissement d'un service postal maritime, réalisé à l'aide de magnifiques bâtiments à vapeur, faisant plusieurs fois par mois le service de France à New-York, à Aspinwal, à la Martinique, et reliant nos possessions des Antilles à la mère-patrie. Ce grand système de navigation régulière et rapide a été complété par le service postal d'Indo-Chine, qui est lui-même une extension du service postal de la Méditerranée.

Ce développement énorme donné aux chemins de fer

et à la navigation, permet aux agriculteurs d'écouler facilement leurs produits et rend impossible les famines, car les grains arrivent en quantités considérables dès que le besoin s'en fait sentir.

L'Empereur a fait plus encore pour l'agriculture, il s'est efforcé de démontrer qu'on pouvait tirer parti des terres restées en friche dans la Sologne et dans les Landes, et ses efforts ont été couronnés de succès. Pendant la durée de son règne, il a fait construire quarante-trois fermes, il en a restauré ou agrandi seize, et il a mis en culture plus de 11,000 hectares de landes. Tous ces travaux ne lui ont pas coûté moins de 12 millions de francs pris sur sa cassette particulière.

Rien n'échappait d'ailleurs à sa sollicitude: grâce à lui, des réformes indispensables ont été opérées dans l'instruction publique, de nombreuses églises ont été construites, une caisse de retraite a été fondée pour les prêtres âgés ou infirmes, une somme annuelle de 2,700,000 fr. a été employée en secours viagers accordés aux vieux soldats. Enfin, c'est l'Empereur qui a eu la première idée de l'agrandissement et de l'embellissement de Paris, œuvre à laquelle M. le préfet Haussmann a pris une si grande part.

Les pauvres et les infirmes, tous ceux qui luttent et tous ceux qui souffrent n'ont pas été oubliés. Jamais souverain n'a fait plus de bien que l'empereur Napoléon III, et l'Impératrice l'a activement secondé dans cette noble tâche. Dès le premier jour de son mariage, elle avait commencé ses bonnes œuvres : le Conseil municipal de Paris, ayant voté une somme de six cent mille francs, destinée à lui offrir une parure de diamants, elle avait adressé la lettre suivante au préfet de la Seine :

« MONSIEUR LE PRÉFET,

« Je suis bien touchée d'apprendre la généreuse décision du Conseil municipal de Paris, qui manifeste ainsi son adhésion sympathique à l'union que l'Empereur contracte. J'éprouve néanmoins un sentiment pénible, en pensant que le premier acte public qui s'attache à mon nom, au moment de mon mariage, soit une dépense considérable pour la ville de Paris. Permettez-moi donc de ne pas accepter votre don, quelque flatteur qu'il soit. Vous me rendrez plus heureuse en employant en charités la somme que vous avez fixée pour l'achat de la parure que le Conseil municipal voulait m'offrir. Je désire que mon mariage ne soit l'occasion d'aucune charge nouvelle pour le pays auquel j'appartiens désormais, et la seule chose que j'ambitionne, c'est de partager avec l'Empereur l'amour et l'estime du peuple français.

« Je vous prie, monsieur le préfet, d'exprimer à votre Conseil municipal toute ma reconnaissance, et de recevoir, pour vous, l'assurance de mes sentiments distingués.

« EUGÉNIE, *comtesse de Téba.*

« Palais de l'Elysée, le 26 janvier 1853.

Le Conseil dut naturellement déférer au vœu qui lui était exprimé avec autant de fermeté que de convenance. Il décida que les 600,000 francs seraient employés à la fondation d'un établissement où de jeunes filles pauvres recevraient une éducation professionnelle, et d'où elles sortiraient pour être convenablement placées. Ouvert en 1857, sous la protection de l'Impératrice, et sous le nom de *Maison Eugénie-Napoléon*, cet établissement reçut trois cents jeunes filles.

Pendant que le Conseil municipal de Paris plaçait 600,000 francs dans la corbeille de la noble et belle fiancée, l'Empereur, de son côté, y plaçait la bourse d'usage. Elle contenait 250,000 francs. L'Impératrice y prit d'abord 100,000 francs, qu'elle fit distribuer aux différentes sociétés de charité maternelle, fondées par l'Impératrice Joséphine, et placées, en 1810, sous le patronage de l'Impératrice Marie-Louise.

Les autres 150,000 francs furent employés par l'Impératrice Eugénie à fonder de nouveaux lits à l'hospice des Incurables.

Pendant cette même année 1853, une Société de Bon-Secours pour les marins fut instituée à Dieppe. L'Impératrice y contribua par un don de 15,000 francs.

En 1854, elle fonda, au centre du faubourg Saint-Antoine, une maison hospitalière contenant quatre cents lits et destinée à recevoir les enfants malades. Plus tard, en 1861, elle développait sa pensée par la création à Berk-sur-Mer d'un hospice maritime destiné aux enfants chétifs et malingres.

1856, l'année de la naissance du Prince Impérial, fut marquée par la fondation de l'*Orphelinat du Prince Impérial*, et la création des *Fourneaux économiques*, œuvre que vint compléter, en 1862, la *Société du Prince Impérial pour les prêts* faits aux ouvriers, sous la garantie de leur probité.

Restent encore quatre œuvres importantes, suggérées, fondées ou patronnées par l'Impératrice : en 1859, la *Caisse des offrandes nationales*, pour les veuves ou les orphelins des soldats; en 1862, les Pupilles de la marine; en 1865, les Jeunes détenus, et la Société de sauvetage des naufragés.

L'histoire des actes de bonté et de dévouement de l'Impératrice serait incomplète si nous ne rappelions pas sa courageuse conduite pendant les épidémies.

Au mois d'octobre 1865, le choléra sévissait à Paris; l'Impératrice n'hésita pas à visiter l'hôpital Beaujon, l'hôpital Lariboisière et l'hôpital Saint-Antoine. Là, elle s'approcha des pauvres malades, de salle en salle, leur adressant des paroles de consolation. L'un d'eux, la vue déjà obscurcie, ne la reconnaît pas, et répond à une de ses questions en disant : « Oui, ma sœur. »

La supérieure le reprend aussitôt avec bonté, et lui dit : « Mon ami, ce n'est pas moi qui vous parle, c'est l'Impératrice. » — « Ne le reprenez pas, ma bonne mère, dit vivement l'Impératrice : c'est le plus beau nom qu'il puisse me donner. »

L'année suivante, au mois de juillet, le choléra décimait la population d'Amiens. L'Impératrice retrouve sa pitié et son courage de 1865, et elle accourt à Amiens, comme Bonaparte à l'hôpital de Jaffa, pour y relever par sa fermeté le moral des malades. L'Impératrice visita non-seulement l'Hôtel-Dieu, mais toutes les maisons où il y avait des malades, toutes celles où il y avait des pauvres.

De son côté, l'Empereur ordonnait par un décret du 8 mars 1855, la construction des Asiles de Vincennes et du Vésinet, destinés à recevoir les ouvriers convalescents. Puis, peu de temps après que l'Impératrice eut acquis le château de Longchêne, près de Lyon, pour en faire un Asile, il achetait la propriété de Lamothe-Sanguin, près d'Orléans, pour y recevoir les ouvriers convalescents du Loiret.

C'est à des dépenses de ce genre qu'était employée la plus grande partie des ressources de la cassette impériale. L'Empereur ne recevait, en réalité, qu'un dotation annuelle de 5,400,000 francs, le surplus de la liste civile étant absorbé par des charges que l'Etat supporte directement aujourd'hui, telles que l'entretien des vingt et un palais et châteaux impériaux, de plusieurs musées, de la bibliothèque du Louvre, de l'Imprimerie impériale, des manufactures de Sèvres, de Beauvais et des Gobelins, le service des pensions aux militaires amputés, etc. Ces 5,400,000 francs font, pour toute la durée de l'Empire, un total de 95 millions.

Eh bien, sur cette somme, les dépenses personnelles de l'Empereur, de l'Impératrice et du Prince Impérial ne se sont élevées, *en tout*, qu'à environ 4,800,000 francs, c'est-à-dire, à 100,000 francs par an pour chacun d'eux!

Le reste, soit 91 millions, a été employé en bonnes œuvres, en secours de toutes sortes, en fondations d'hospices, en constructions d'églises, en achat de collections pour nos musées, etc. Le compte sur lequel nous nous appuyons pour faire le calcul, a été publié plusieurs fois, et jamais on ne l'a contesté.

Certes, il eut été facile à l'Empereur de thésauriser chaque année, en modérant un peu l'élan de sa bienfaisance. Il crut qu'il devait l'exemple du bien, et que la générosité faisait partie de son pouvoir.

En élevant l'empereur Napoléon III au trône, la Providence avait comme préparé et placé sous sa main un groupe d'hommes diversement capables et distingués, pour coopérer à l'accomplissement de son œuvre politique. Et l'on dirait que la destinée des Napoléon est de trouver des générations d'élite pour les recevoir et les seconder. Quels collaborateurs militaires ou civils dépassèrent les Ney, les Murat, les Lannes, les Soult, les Masséna, les Berthier, les Davoust, les Portalis, les Cambacérès, les Mollien, les Gaudin, les Chaptal, groupés autour du premier Empire? et quelle pléiade de talents, de caractères, d'aptitudes pratiques, pourraient faire oublier les Saint-Arnaud, les Canrobert, les Magnan, les Persigny, les Morny, les Baroche, les Billault, les Delangle, les Fould, les Magne, les Rouher, groupés autour du second?

Au Sénat, au Corps législatif, au Conseil d'Etat, dans la magistrature et dans l'administration, se trouvaient des hommes d'une rare valeur qui collaborèrent dans une large mesure aux sages réformes opérées sous le régime impérial. Et ce n'est pas un des moindres mérites de l'Empereur que d'avoir su choisir les hommes éminents auxquels il a accordé sa confiance.

La première question qui se présenta aux méditations du gouvernement fut l'effroyable question de la faim, si justement redoutée de tous les régimes précédents, et qu'une crise subite des subsistances vint poser, dès la seconde année de l'Empire. Cette question, l'Empire la résolut, non-seulement pour son époque, mais encore pour les époques suivantes. Il y aura encore des chertés, mais il n'y aura plus des disettes.

La cause générale qui paralysait le commerce des blés, c'était la législation. L'importation des blés étrangers, indispensables aux pays les plus favorisés par le sol pour conjurer les disettes climatériques, était entravée par ce qu'on appelait l'*Echelle mobile*. En vue de protéger les producteurs de blés français, on avait soumis les blés étrangers à une échelle de droits qui s'élevaient ou qui s'abaissaient suivant la production intérieure.

Le gouvernement prit une résolution énergique et nécessaire : par un décret du 18 août 1853, il suspendit le régime de l'échelle mobile, en attendant qu'il l'abolît entièrement. En vue de compléter cette mesure, il leva les restrictions qui frappaient les pavillons étrangers, admis à concourir avec le nôtre à l'approvisionnement du pays, soit pour la navigation au long cours, soit pour la navigation au cabotage; et, par un nouveau décert du 14 septembre de la même année, il abaissa considérablement les droits à l'entrée des bestiaux étrangers et des viandes salées.

C'était un premier pas vers la liberté commerciale, cette œuvre capitale de l'Empire, qui a été tout d'abord si violemment blâmée, et dont la pratique a fait seule reconnaître les immenses avantages que l'Empereur avait devinés.

La disette s'était fait sentir à Paris plus cruellement que partout ailleurs, et cela parce que cette ville renferme une population ouvrière considérable. Le gouvernement se préoccupa donc de la grave question des subsistances de Paris, et le 27 décembre 1853, un décret créa la *Caisse de la boulangerie*.

Grâce à cette institution, le prix du pain ne devait pas dépasser 40 centimes par kilogramme : dans les mauvaises années, lorsque le blé augmentait, la ville de Paris indemnisait les boulangers de leurs pertes, dans les bonnes années, elle se remboursait sur leurs bénéfices.

On le voit, l'Empereur ne cessait pas de rechercher les moyens de soulager toutes les misères, d'améliorer la situation des classes pauvres et de répandre le bien-être dans les populations ouvrières en diminuant leurs charges et en leur assurant un travail rémunérateur. De tels efforts avaient encore augmenté sa popularité, et lui avaient mérité la reconnaissance de la France entière; seuls, les républicains, fraction minime dans le pays, lui faisaient une guerre sourde, mais trop faibles pour tenter, par des émeutes, de renverser le pouvoir établi, ils en étaient réduits à organiser des sociétés secrètes et à soudoyer des assassins. Personnifiant dans l'Empereur la cause de l'ordre, ils espéraient, en le frappant, atteindre du même coup les principes fondamentaux de la société et amener un bouleversement général au profit des idées révolutionnaires.

Quelques jours avant la proclamation de l'Empire, les réfugiés français, à Jersey, avaient publié dons les journaux anglais une protestation que le prince Louis-Napoléon avait fait reproduire dans le *Journal officiel* du 15 novembre 1852, montrant ainsi combien il méprisait d'aussi misérables attaques.

Ce document, qui portait les signatures de Fombertaux, de Philippe Faure et aussi de Victor Hugo, contenait un appel énergique à l'insurrection et à l'assassinat: « Citoyens, y était-il dit, Louis Bonaparte est hors « la loi, Louis Bonaparte est *hors l'humanité*.....

« En présence de M. Bonaparte et de son gouverne- « ment, le citoyen digne de ce nom ne fait qu'une « chose, et n'a qu'une chose à faire : *charger son fusil « et attendre l'heure.* »

Cet appel devait être entendu, et dès 1853, une conspiration fut ourdie à Paris contre la vie de l'Empereur. Deux fois, les conjurés durent mettre leurs criminels projets à exécution, à l'Hippodrome d'abord, puis à l'Opéra-Comique, mais toujours ils hésitèrent au dernier moment, en présence des précautions que la préfecture de police, prévenue du complot, avait prises, et ils furent arrêtés avant d'avoir rien pu faire. Parmi eux se trouvaient Arthur Ranc et Allix, qui furent plus tard membres de la Commune.

L'année suivante, plusieurs individus, ayant appris

que l'Empereur devait aller dans la journée du 12 septembre 1854 de Calais à Tournay (Belgique), pour rendre au Roi des Belges la visite qu'il en avait reçue à Calais même, formèrent le projet de faire sauter le train impérial : mais le hasard amena la découverte de leurs préparatifs, et le complot avorta.

Ces deux complots sont les seuls importants qui furent préparés en France; les autres tentatives qui furent faites contre la vie de l'Empereur et dont nous allons parler, avaient été organisées à l'étranger, et principalement en Angleterre par des réfugiés et par les sociétés secrètes italiennes.

Mazzini y joue un grand rôle : c'est presque toujours lui qui a conçu l'idée du crime et qui a choisi et soudoyé les assassins. Aussi remarque-t-on une grande différence dans les moyens employés : les conspirations qui eurent lieu à partir de 1855 ont été beaucoup plus habilement conduites que les précédentes, et plusieurs d'entre elles n'ont échoué que par une protection manifeste et miraculeuse de la Providence.

Le 28 avril 1855, vers cinq heures du soir, l'Empereur, à cheval, sans escorte, remontait l'avenue des Champs-Elysées: il avait dépassé le Rond-Point et se trouvait à la hauteur du Château des Fleurs, lorsqu'un italien, nommé Pianori, s'approcha de lui et lui tira, presque à bout portant deux coups de pistolet. L'Empereur, qui n'avait pas été atteint, resta aussi calme et aussi impassible que s'il ne se fût rien passé d'extraordinaire, et donna l'ordre d'épargner le coupable, qu'un agent dévoué, excité par les cris d'indignation de la foule, menaçait de son poignard.

En 1857, la police mit la main sur trois assassins, Tibaldi, Bartolotti et Grilli, qui avaient été envoyés à Paris par Mazzini et Ledru-Rollin. Quelques mois après avait lieu l'épouvantable attentat de la rue Le Peletier.

C'était le 14 janvier 1858 : on savait que l'Empereur et l'Impératrice devaient aller à l'Opéra; une foule considérable s'était portée sur leur passage. Au moment où leurs Majestés arrivaient sous le péristyle du théâtre, trois bombes, lancées sous leur voiture, firent explosion coup sur coup et tuèrent ou blessèrent plus de cent soixante-dix personnes.

L'Empereur et l'Impératrice furent préservés par miracle, et sans s'inquiéter un instant du danger qu'ils avaient couru, et qu'ils pouvaient courir encore, ne songèrent qu'à organiser les secours pour les blessés, donnant ainsi un magnifique exemple de courage et d'abnégation.

Les coupables étaient au nombre de quatre, dont trois, Orsini, Pieri et de Rudio furent condamnés à mort, et le quatrième, Gomez, aux travaux forcés à perpétuité. Orsini et Pieri furent seuls exécutés; l'Empeerur avait fait grâce à de Rudio.

Pendant assez longtemps, cet exemple sembla avoir découragé les assassins, car ce ne fut qu'en 1864 que Mazzini parvint à ourdir un nouveau complot; mais les conjurés, dont le chef était un Italien nommé Greco, furent arrêtés peu de jours après leur arrivée à Paris. Il était temps, car ils étaient à la veille d'éxécuter leurs projets, et les perquisitions, faites à leur domicile, amenèrent la découverte de bombes chargées, de pistolets et de poignards.

Une dernière conspiration fut tramée, en 1870, par Flourens, Beaurie et les chefs du parti socialiste républicain : elle était beaucoup plus considérable que les précédentes et se compliquait d'un projet d'insurrection. Les révélations d'un complice permirent d'arrêter les conjurés, qui furent déférés à la Haute-Cour de justice siégeant à Blois et condamnés sévèrement.

Ces complots, en excitant une profonde indignation dans le pays, montrèrent à l'Empereur combien il était aimé. Fort de sa conscience et de l'amour du peuple, il s'en remit à la Providence du soin de protéger sa vie : jamais, ni les menaces, ni les attentats, n'exercèrent la moindre influence sur son esprit, et, pénétré de la grandeur de sa mission, il persévéra toujours dans la voie qu'il s'était tracée, s'efforçant de faire la France prospère au dedans et respectée au dehors.

L'occasion devait bientôt s'offrir de rendre à la France, abaissée sous Louis-Philippe, le rang qui lui revenait de droit dans le concert des puissances. En 1853 se posa la question d'Orient, question qui ne put être vidée que par le recours aux armes.

Et avant d'en faire le récit rapide, nous rappellerons ici le mot devenu célèbre, prononcé par l'Empereur à Bordeaux : « L'EMPIRE, C'EST LA PAIX ! »

Ce mot que ses ennemis ont lancé comme une ironie, qu'ils ont répété sur tous les tons du sarcasme, était dans la bouche de l'Empereur un mot profondément vrai. Personne, en effet, n'a voulu la paix plus que ne la voulait l'Empereur.

L'esprit de conquête n'est jamais entré dans son esprit, et toutes les guerres entreprises par lui, nous le prouverons, furent imposées par les événements, furent faites malgré l'Empereur, et uniquement parce que l'honneur de la France l'exigeait.

L'Empereur était l'homme de la paix, l'homme qui savait qu'une longue sécurité à l'intérieur avait pour résultats la prospérité, la richesse, toutes choses qui mettent un pays bien plus haut que la gloire des armes, gloire souvent stérile et inféconde qui, dans ce moment où nous écrivons, fait de l'Allemagne l'empire le plus fortement orgueilleux et le plus véritablement misérable en même temps. Or Napoléon III avait le génie de la paix, comme Napoléon Ier avait le génie de la guerre. Ce que l'un fit au dehors, l'autre l'accomplit au dedans. Chaque grande ville de l'Europe avait vu passer le premier en conquérant superbe, éblouissant ; chaque ville de France contempla le second dans toute la magnificence de sa générosité féconde et de son impulsion bienfaisante. Et le peintre qui représenterait l'oncle entouré de lauriers entourerait le neveu de tous les attributs de la richesse publique, montrant les moissons se presser dans la plaine, les bateaux sillonner les mers, la vapeur monter en larges spirales, tout cela pour attester combien était prospère la nation française, quand elle avait à sa tête le grand homme qui nous a permis d'être assez riches pour ne pas mourir de faim, pendant les années de république qui suivirent.

C'était à son corps défendant que l'Empereur consentait à faire appel aux sentiments guerriers de la nation. La vie humaine était un trésor dont il était avare, et, s'il lui arriva plus tard de n'avoir pas ses armées au complet, c'est qu'il lui répugnait d'enlever aux familles leurs enfants, à l'agriculture et à l'industrie les bras qui leur manquaient déjà.

Mais, s'il aimait passionnément la paix, il ne pouvait pas oublier non plus qu'il s'appelait Napoléon et qu'il avait l'insigne honneur de gouverner la nation la plus chatouilleuse en matière de dignité et d'influence.

Il dut le prouver à l'occasion de la question d'Orient.

La question d'Orient n'était pas précisément bien nouvelle ; seulement c'était la première fois qu'elle se présentait sous des aspects aussi menaçants pour la tranquillité de l'Europe. Jusque-là ce n'avait été qu'une question presque exclusivement religieuse. Le czar, étant le chef de la religion grecque, demandait et exigeait des garanties pour tous les fidèles de cette religion, répandus en quantité considérable sur le territoire de l'empire turc.

Plusieurs fois on avait essayé de régler à l'amiable les rapports assez difficiles entre le chef de la religion qui siégeait à Saint-Pétersbourg et le chef de l'Etat qui siégeait à Constantinople. Le conflit était inévitable, incessant ; mais néanmoins on était arrivé à le rendre supportable, à le confiner dans les limites toujours élastiques de la diplomatie, lorsque la Russie s'avisa d'en faire purement et simplement un prétexte pour couvrir ses visées ambitieuses et tenter la conquête de la Turquie.

La question religieuse couvrait la question politique, la propagande voilait la conquête, Dieu cachait le czar.

L'empereur Napoléon n'était pas homme à se laisser prendre par des apparences semblables, et dès le premier jour il comprit que, s'il laissait faire la Russie, celle-ci mènerait les choses jusqu'au moment où, jetant nettement le masque, elle se précipiterait sur Constantinople, avant que l'Europe abusée et illusionnée eût eu le temps d'intervenir.

Or, Constantinople, c'était la clef de la Méditerranée. Laisser la Russie descendre jusque-là, c'était lui abandonner la suprématie sur le monde. Cela n'était pas possible, tant que la France était là.

L'Empereur s'efforça donc d'amener un accord par la voie diplomatique : il fit tout ce qui était humainement possible pour rétablir la concorde et la paix entre la Turquie et la Russie, et, en même temps, pour n'être pas pris au dépourvu, il négociait une alliance offensive et défensive avec l'Angleterre et le Piémont.

De concert avec ces deux puissances, il redoubla d'efforts pour arriver à une solution pacifique; il alla même jusqu'à écrire au czar une lettre admirable de clarté et de droiture, empreinte d'un désir véhément de rester en paix, mais la Russie ne voulut rien entendre. Elle envoya un ultimatum à la Turquie, brûla la flotte turque avant que les négociations fussent rompues, et, en présence de la ferme attitude de l'Empereur, donna l'ordre à son ambassadeur à Paris de demander ses passeports.

La guerre était donc inévitable.

Les flottes française et anglaise se rendirent dans la Baltique et brûlèrent Uléaborg; puis, après l'arrivée du corps expéditionnaire commandé par le général Baraguey-d'Hilliers, Bomarsund fut assiégé et ne tarda pas à se rendre.

Les flottes alliées offrirent alors le combat à la flotte russe, enfermée dans le port de Cronstadt, mais inutilement. L'approche des glaces les força à quitter la Baltique vers la fin d'août.

Pendant ce temps les événements marchaient vers la mer Noire.

L'armée française avait été portée au chiffre de 50,000 hommes, avec des généraux dont le nom est demeuré légendaire, Saint-Arnaud, Canrobert, Bosquet, Forey. L'armée anglaise comptait 25,000 hommes, commandés par lord Raglan, ancien chef-d'état-major du duc de Wellington.

Les armées alliées se concentrèrent à Gallipoli; puis de là marchèrent sur Varna, où dans un conseil de guerre tenu le 21 juillet, on décida l'expédition de Crimée, afin d'y détruire Sébastopol, l'établissement militaire le plus important de la mer Noire.

Le 14 septembre, l'armée débarqua à Eupatoria. Le 20 septembre elle gagna la splendide bataille de l'Alma, délogeant les Russes d'une formidable position.

Malheureusement un désastre l'attendait dans la victoire même : l'héroïque maréchal de Saint-Arnaud, vaincu par la maladie, fut obligé de résilier son commandement entre les mains du général Canrobert et de s'embarquer sur le *Berthollet*, où il mourut en mer, le 29 septembre. Ce fut une perte immense et irréparable. Le maréchal de Saint-Arnaud était un des plus grands hommes de guerre qui aient honoré la France, si riche en illustres capitaines.

L'armée alliée était arrivée sous les murs de Sébastopol, qu'il était impossible d'investir.

Le siége commença. Ce fut un des sigeés célèbres dans les fastes militaires. Il dura près d'un an, jusqu'au 8 septembre 1855, et fut rempli par des combats de géants, comme les combats d'Inkermann, de la Tchernaïa ou de Traktir. Que de faits historiques ! que de gloires qui se sont levées, les gloires de Bosquet, Canrobert, Mac-Mahon ! Jamais la science militaire ne fut plus complétement unie à la valeur guerrière.

C'est le général Pelissier qui prit Sébastopol, ayant remplacé le général Canrobert dans le commandement des troupes.

Anglais et Sardes se battirent admirablement et eurent une large part dans le triomphe.

L'Empereur fit Pélissier, Bosquet et Canrobert, maréchaux de France, nomma Pélissier duc de Malakoff, et le 29 décembre 1855 l'armée victorieuse rentrait à

Paris, au milieu d'un enthousiasme indescriptible et aux cris de : *Vive l'Empereur!*

La guerre de Crimée sauvait la Turquie et contenait les ambitions démésurées de la Russie.

La paix fut signée à Paris, le 30 mars 1856. Elle fut honorable et belle. Le but de la guerre était largement atteint. La Russie, limitée désormais dans son ambition, abandonnait toutes prétentions et laissait libre la navigation du Danube et de la mer Noire, s'engageant à n'avoir aucun établissement militaire qui pût menacer de ce côté l'intégrité du territoire turc.

•

Cette année 1855 est peut-être l'année la plus belle, la plus prospère de l'Empire.

En même temps que la guerre retentissait au lointain et que les armes françaises étaient portées vers l'extrême Orient, avait lieu l'Exposition universelle des produits de l'industrie et des beaux arts.

Organisée dès avant la lutte, elle s'ouvrit en pleine guerre avec ce faste audacieux et insolent qui fait le fonds du caractère français et que l'Empereur connaissait si bien. Il semblait que la nation voulût montrer à quel point elle était peu troublée par une collision formidable, et qu'elle eût choisi précisément ce moment périlleux pour faire l'étalage complaisant de toutes les richesses qu'elle renfermait dans son sein.

Cette Exposition donna une immense impulsion à l'industrie et amena la création des concours régionaux et départementaux qui couvrirent la France pendant l'époque heureuse et bénie de l'Empire.

Les premiers mois de l'année 1856 sont marqués par un événement considérable, par la naissance d'un enfant prédestiné que Dieu envoyait à l'Empereur.

Dans la nuit du 15 au 16 mars, l'Impératrice mit au monde un Prince, dont la naissance fut notifiée immédiatement aux grands corps de l'Etat, réunis et maintenus en permanence. Le 16 au matin, une salve de

101 coups de canon annonçait à la population parisienne que l'Empire avait un héritier.

Le baptême du Prince Impérial eut lieu le 14 juin, dans la basilique de Notre-Dame, avec une pompe grandiose.

Le Saint-Père, parrain de l'Enfant de France, était représenté par le cardinal Patrizzi, évêque d'Albano et légat du Pape.

La marraine était la Reine de Suède, représentée par la grande-duchesse de Bade.

Après la cérémonie, un grand banquet fut donné à l'Hôtel-de-Ville, et l'Empereur et l'Impératrice y assistèrent.

Dans un charmant élan de cœur, nos Souverains décidèrent qu'ils seraient parrain et marraine de tous les enfants nés le même jour que le Prince Impérial. Ces enfants s'élevaient au nombre de quatre mille.

De plus, une amnistie générale effaça toutes les contraventions simples; un millier de condamnés virent leur peine commuée.

Enfin, une rente de trente mille francs, prise sur la liste civile, consacra la création de cette œuvre touchante qui a laissé de si doux souvenirs dans le peuple : L'Orphelinat du Prince Impérial.

La naissance du Prince, son baptême, eurent donc la plus belle des fêtes, la fête de la charité, car nos Souverains voulaient, avant tout, que chaque fois qu'une joie leur était donnée elle fût partagée par le peuple. Le peuple et eux, c'était la même chose.

Dans l'intervalle, vers la fin de mai, les inondations du Rhône, de la Loire, de la Saône, de l'Allier, étant venues semer la désolation dans plusieurs départements, l'Empereur était allé lui-même porter des secours aux victimes du fléau. Il avait parcouru tout à tour Lyon, Avignon, Arles, Valence, Orléans, Blois, Tours, Angers, Nantes, au milieu des acclamations d'une population enthousiasmée par tant de dévouement, et reconnaissante de cette démarche affectueuse de son Souverain.

L'année 1857 fut marquée par de nouvelles élections, car la législature de 1852 n'avait qu'une durée de cinq ans, d'après la Constitution.

Le 29 mai, le décret de dissolution du Corps législatif fut promulgué, et les électeurs furent convoqués pour le 21 juin.

Une circulaire rendue publique, de M. Billault, ministre de l'intérieur, afficha hautement le système de la candidature officielle, système pratiqué de tous temps par nos adversaires politiques, et que l'Empire seul pratiqua avec honnêteté et franchise.

Le ministre s'exprimait ainsi :

« En face de nos candidatures hautement avouées, résolûment soutenues, les candidatures contraires pourront librement se produire. »

Et il ajoutait en parlant du suffrage universel : « Trois fois sacré par lui, l'Empereur l'invoque toujours avec confiance. »

La confiance de l'Empereur ne devait pas être trompée. Les candidats du gouvernement obtinrent près de 5,500,000 suffrages : 271,787 voix furent données à des candidats non hostiles qui avaient voulu lutter avec la candidature officielle. L'opposition ne fut représentée au Corps législatif que par cinq députés, dont trois, MM. Jules Favre, Ernest Picard et Emile Ollivier devaient faire plus tard tant de mal à la France.

Ainsi donc le pays ratifiait pleinement la politique suivie par le gouvernement ; l'Empire sortait plus fort que jamais des élections du 21 juin, et la confiance que la nation témoignait d'une façon si éclatante à l'Empereur allait lui permettre de continuer son œuvre et de faire face aux graves événements qui se préparaient.

Depuis 1849, la situation de l'Italie préoccupait les puissances et l'on sentait vaguement qu'il y avait là un danger pour la paix européenne. L'Autriche, maîtresse de la Lombardie et de la Vénétie, occupait encore les Légations, la Toscane et les duchés, et menaçait le Piémont, avec qui elle avait rompu, en 1857, toutes relations diplomatiques. La situation de ces deux puissances l'une vis-à-vis de l'autre devenait chaque jour plus difficile à mesure que le parti de l'indépendance italienne se fortifiait. En 1858, l'agitation sourde qui régnait en Lombardie s'accrut à la suite de mesures imprudentes prises par le général Gyulai, et, en présence de l'irritation générale, l'Autriche crut devoir augmenter ses armements. Inquiet de cette attitude, le Piémont se tourna vers la France, qu'il regardait à juste titre comme son alliée naturelle.

En effet, depuis Henri IV, la politique extérieure de la France avait toujours eu pour objet l'abaissement de la maison d'Autriche. Or, en 1859, l'Autriche était plus puissante que jamais : prépondérante en Allemagne, elle possédait une partie notable de l'Italie, et le Piémont seul la séparait de la frontière française. Qu'elle s'emparât de ce pays, et elle touchait à notre territoire.

Il était donc du devoir de l'Empereur de reprendre la politique nationale suivie par Henri IV, par Richelieu, par Louis XIV et de s'opposer par tous les moyens à l'agrandissement d'une puissance dont l'extension constituait un danger permanent pour la France et rompait l'équilibre européen.

Pénétré de ces grandes vérités, l'Empereur tenta d'abord d'aplanir le différend par la voie diplomatique, mais ses négociations échouèrent, et, alors, toujours désireux de maintenir la paix, il demanda à une intervention des puissances ce qu'il n'avait pu obtenir directement. L'Angleterre entra dans ses vues : d'accord avec la Russie elle proposa la réunion d'un congrès, et l'Autriche ne semblait pas hostile à ce projet, lorsque tout à coup, le 22 avril 1859, le cabinet de Vienne envoya à Turin un ultimatum exigeant le désarmement immédiat du Piémont. L'Empereur répondit à ce défi, qu'il considérerait comme une déclaration de guerre le passage du Tésin par les troupes autrichiennes : ce passage eut lieu le 29 avril.

Encore une fois, l'Empereur se trouvait engagé, malgré lui, dans une guerre qu'il avait vainement essayé d'éviter, et que le mauvais vouloir et l'ambition démésurée de l'Autriche avait rendue nécessaire. Il confia la régence à l'Impératrice, se mit à la tête de l'armée et dirigea lui-même les opérations militaires.

Notre armée était moins nombreuse que l'armée autrichienne, mais cette infériorité était compensée par la supériorité de notre artillerie, et il faut attribuer aux canons rayés, inventés par l'Empereur, une grande part dans nos succès.

Dès le début de la campagne, le général Forey battit les Autrichiens dans une première rencontre près de Montebello; quelques jours après, le roi Victor-Emmanuel remportait un succès à Palestro, où nos zouaves montrèrent une fois de plus l'entrain et le courage auxquels ils devaient leur réputation.

Par une manœuvre habile, l'Empereur avait trompé sur ses intentions le général Gyulai, qui dut se replier sur Milan. Le 1er juin, l'Empereur passa le Tésin à San-Martino et se dirigea sur Magenta, où les Autrichiens avaient pris position et où il avait donné l'ordre au général de Mac-Mahon de venir le rejoindre.

La bataille commence : l'Empereur n'a avec lui que six mille hommes de la garde, mais ces troupes d'élite soutiennent héroïquement pendant quatre heures le feu d'une armée dix fois supérieure en nombre. Enfin Mac-Mahon, qui a exécuté ponctuellement les ordres reçus, mais dont la marche a été interrompue par l'encombrement des routes, débouche sur le flanc des Autrichiens. L'Empereur lance en avant les troupes fraîches que Canrobert et Niel viennent de lui amener : une lutte sanglante s'engage, le village de Magenta est emporté, la bataille est gagnée.

Cette victoire qui avait coûté à l'ennemi 20,000 hommes hors de combat et 7,000 prisonniers, nous livrait Milan, où l'Empereur et le Roi Victor-Emmanuel furent accueillis avec un enthousiasme dont rien ne peut donner une idée et qui se changea en délire lorsqu'on apprit que le maréchal Baraguey-d'Hilliers, lancé à la poursuite des Autrichiens, venait de remporter une nouvelle victoire à Marignan.

La Lombardie était conquise. Les Autrichiens, suivis de près par notre armée, avaient abandonné successivement la ligne de l'Adda, celle de l'Oglio, puis celle de la Chiese, lorsque nos troupes les rencontrèrent à l'improviste le 24 juin, vers deux heures du matin.

Aussitôt la bataille, ou plutôt quatre batailles distinctes s'engagent : Victor-Emmanuel attaque San-Martino; Baraguey-d'Hilliers, Solférino; Mac-Mahon, Cavriana; Niel tient tête à des forces très-supérieures dans la plaine de Médole.

La lutte est terrible, acharnée, mêlée d'alternatives de succès et de revers : à différentes reprises nos soldats prennent, perdent et reprennent les positions ennemies. Enfin, vers cinq heures du soir, après quinze heures de combat, les Autrichiens sont refoulés sur toute la ligne: quelques minutes encore et leur retraite va se changer eu déroute, lorsque un orage épouvantable éclate, la poursuite est arrêtée, et, à la faveur de la tourmente, l'ennemi parvient à s'échapper en désordre et à franchir le Mincio.

Cette campagne si brillante, ces victoires si rapides, avaient eu leur contre-coup dans toute l'Europe. La Prusse, jalouse de nos succès, prenait une attitude menaçante et mobilisait la landwehr ; l'Italie s'agitait; les Romagnes s'étaient insurgées contre le gouvernement pontifical. Alors, l'Empereur, voulant éviter des complications nouvelles. et craignant, d'autre part, que la guerre ne prit un caractère révolutionnaire, se décida à traiter et fit offrir une entrevue à l'empereur François-Joseph.

Le 11 juillet, à Villafranca, les deux souverains signèrent les préliminaires de la paix, que vinrent confirmer au mois de novembre les traités de Zurich signés, l'un entre la France et l'Autriche, l'autre entre la France, l'Autriche et le Piémont. Ces traités donnaient la Lombardie au Piémont, et reproduisaient les dispositions arrêtées à Villafranca relativement à la Confédération de l'Italie et à la restauration des souverains de Toscane, de Parme et de Modène. Un congrès devait régler l'organisation de l'Italie.

Ce congrès ne put se réunir, et, par suite des événements, la plupart des stipulations du traité de Zurich restèrent lettres-mortes. En effet, le mouvement unitaire qui avait éclaté en Italie, pendant la guerre, se développait rapidemeut et ne tarda pas à amener la réunion des duchés et des Romagnes au royaume de Piémont.

En présence de ces faits, l'Empereur, toujours fidèle à sa politique, fit savoir au roi Victor-Emmanuel qu'il ne pouvait accepter la création d'un état puissant sur la frontière de la France, si on ne lui accordait pas des compensations; il déclara donc qu'il ne s'opposerait pas à l'unité italienne, qui était déjà presque accomplie, à la condition toutefois qu'on lui abandonnerait les versants français des Alpes, Nice et la Savoie.

Le 24 mars 1860, fut signé le traité de cession qui donnait toute satisfaction à la France, réservant seulement l'adhésion du Parlement piémontais et le vote des populations.

Nice et la Savoie, consultées par un plébiscite, se prononcèrent avec enthousiasme pour l'annexion, et, devant ce vote, le Parlement italien ratifia le traité du 24 mars.

Les victoires remportées en Italie avaient donné une grande force en France au gouvernement impérial, et Napoléon III en profita pour prendre l'initiative d'une mesure dont la conséquence devait être le développement, dans d'immenses proportions, de notre commerce et de notre industrie.

Le 5 janvier 1860, une lettre adressée par l'Empereur au ministre d'Etat, annonça l'intention du souverain d'établir la liberté commerciale.

Le 22 janvier, un traité de commerce fut signé avec l'Angleterre. Préparé par Cobden et par M. Michel Chevalier, négocié par lord Cowley et par MM. Rouher et Baroche, ce traité, très-avantageux pour la France, supprimait la prohibition, et permettait l'entrée des produits anglais qui devaient cependant être frappés d'un droit assez élevé pour donner le temps à l'industrie française de se mettre en mesure de lutter sans désavantage contre la concurrence anglaise.

En revanche, l'Angleterre s'engageait à admettre en franchise nos objets manufacturés et ne conservait plus à l'égard de nos vins et des nos eaux-de-vie que des droits fiscaux également imposés aux produits similaires du pays.

C'était un premier pas vers la liberté commerciale, et ce traité qui favorisait l'intérêt des consommateurs et augmentait la richesse nationale suffirait seul à illustrer le règne de Napoléon III.

Peu de temps après, le Corps législatif adoptait une série de mesures qui complétèrent les dispositions du traité de commerce. Il vota successivement le dégrèvement des matières premières, le rachat de douze canaux, ce qui permit au gouvernement de diminuer les frais de transports, — la loi qui prêtait quarante millions à l'industrie, etc. En même temps, il abaissait les tarifs des objets de grande consommation, tels que sucres, cafés, cacaos, thés, afin de faciliter à toutes les classes de la société la consommation de ces denrées nécessaires.

Ce ne fut pas d'ailleurs sans des luttes ardentes que le Corps législatif adopta ces mesures si utiles, mais le gouvernement, soutenu par la majorité, triompha de toutes les difficultés, et, s'il rencontra des résistances opiniâtres, l'avenir, en permettant d'apprécier les avantages de la nouvelle politique commerciale, prouva que ces résistances n'étaient pas fondées.

La même année eut lieu une réforme importante dans le fonctionnement des Chambres. Un décret, en date du 24 novembre 1860, accorda au Sénat et au Corps législatif le droit de voter, tous les ans, une *adresse* en réponse au discours impérial. Cette adresse devait être discutée en présence des commissaires du gouvernement chargés de fournir toutes les explications nécessaires sur la politique intérieure et extérieure de l'Empire.

Le même décret contenait deux autres innovations : Un compte rendu analytique des séances devait être communiqué aux journaux, et un compte rendu *in extenso* inséré au *Journal officiel*. Enfin des ministres sans portefeuille étaient chargés de défendre devant les Chambres, d'accord avec les membres du conseil d'Etat, les projets du gouvernement.

Cependant de graves événements se passaient à l'extérieur, et la France y jouait un rôle important.

En 1840, la Syrie avait été rendue à la Turquie, et, depuis cette époque, une hostilité sourde régnait entre les deux populations rivales qui habitent ce pays, les Maronites et les Druses, la première chrétienne et la seconde musulmane. En 1860, les Druses attaquèrent les Maronites, et vainqueurs dans plusieurs rencontres, résolurent de les exterminer ; alors ils envahirent leurs villages, brûlant les maisons, détruisant les récoltes, égorgeant les femmes et les enfants. La Turquie essaya de rétablir l'ordre, mais les troupes ottomanes, entraînées par le fanatisme religieux, se joignirent aux Druses et se rendirent complices de leurs atrocités.

Ces massacres eurent un immense retentissement en Europe, et les puissances résolurent d'intervenir. Une convention fut signée le 3 août, à la suite de laquelle la France envoya six mille hommes en Syrie, sous le commandement du général de Beaufort d'Hautpoul.

Bien que la présence de nos soldats eût suffi à ramener la paix, le corps expéditionnaire n'en resta pas moins près d'un an sur le théâtre des troubles, pendant qu'une commission, nommée par les puissances, imposait à la Turquie une réorganisation politique du Liban qui devait empêcher, à l'avenir, ces faits odieux de se renouveler.

Presque en même temps, une expédition franco-anglaise obtenait de grands succès en Chine. Dès 1856, les persécutions contre les missionnaires, et l'inexécution des conventions précédemment signées, avaient amené la France et l'Angleterre à déclarer la guerre à la Chine, et la prise de Canton, en 1857, avait été suivie d'un traité qui ouvrait ce riche pays au commerce européen.

Ce traité n'ayant pas été mieux exécuté que les précédents, une nouvelle expédition fut résolue en 1859. La France envoya 12,000 hommes sous le commandement du général Cousin-Montauban, et l'Angleterre 23,000 hommes. Les troupes alliées battirent l'armée chinoise en plusieurs rencontres; des pourparlers furent entamés; mais au mépris du droit des gens, les Chinois, continuant les hostilités, arrêtèrent plusieurs Européens qui s'étaient rendus d'avance au lieu fixé pour les négociations.

Alors les alliés reprirent leur marche sur Pékin; le 21 septembre 1860, ils rencontrèrent à Palikao une armée chinoise très-nombreuse qui fut complétement défaite après cinq heures d'un combat acharné, grâce aux habiles dispositions stratégiques prises par le général Cousin-Montauban. Quelques jours après, nos troupes entraient dans Pékin. Le 25 octobre, était conclue une nouvelle convention qui, jusqu'ici, a été exécutée et en vertu de laquelle la France a conservé la ville de Shang-Haï, centre d'un commerce des plus actifs.

La fin de cette campagne permit au gouvernement français de mener à bien une autre guerre engagée pour les mêmes motifs avec la Cochinchine. Nous y avons gagné un immense territoire dont la capitale est Saïgon, et cette colonnie, admirablement située, est devenue rapidement une de nos possessions les plus riches et les plus florissantes.

Ainsi donc, toutes nos expéditions avaient réussi au delà de nos espérances. Grâce à son énergie, grâce à l'habileté avec laquelle il avait su saisir les occasions favorables, l'Empereur avait rétabli dans le monde entier le prestige de nos armes. Sa politique extérieure avait eu pour résultat de nous donner Nice et la Savoie, d'affirmer notre influence en Orient, d'ouvrir la Chine à notre commerce et d'ajouter à nos possessions d'outre-mer une magnifique colonie.

D'autre part, la conquête de l'Algérie était terminée, et la paix semblait assurée pour de longues années lorsque des événements imprevus vinrent nous lancer dans une nouvelle guerre.

Depuis longtemps le Mexique était le théâtre de révolutions incessantes : la guerre civile y régnait en permanence, et nos nationaux se trouvaient souvent en butte à des vexations et même à de mauvais traitements.

En 1860, l'indien Juarez, président du gouvernement mexicain, combla la mesure en emprisonnant nos vice-consuls, et en laissant attaquer à main armée notre ministre. En même temps des actes de violence furent commis contre des résidents européens, si bien que le 30 octobre 1861, la France, l'Angleterre et l'Espagne signèrent un traité aux termes duquel elles devaient agir de concert pour obtenir satisfaction.

Les troupes alliées, débarquées peu de temps après au Mexique, avaient remporté quelques succès, lorsque l'Angleterre et l'Espagne nous abandonnèrent, satisfaites d'avoir obtenu de Juarez des promesses assez vagues. L'Empereur Napoléon III, lui, ne voulait pas— et avec raison — traiter avec Juarez qui n'offrait aucune garantie.

L'Empereur comprenait que le Mexique, affaibli par ses dissensions intestines, était destiné à devenir tôt ou tard la proie des Etat-Unis qui, déjà, lui avaient enlevé ses plus belles provinces. Or, il était d'une bonne politique de s'opposer à l'agrandissement des Etats-Unis, et d'entraver le développement démesuré de leur puissance. Pour cela, il s'agissait de constituer au Mexique un État assez fort pour pouvoir contrebalancer l'influence de l'Union américaine et résister à ses empiétements.

En continuant la guerre, l'Empereur était donc fidèle à la ligne politique qu'il avait suivie en empêchant la Russie et l'Autriche de s'étendre aux dépens de leurs voisins, c'est-à-dire qu'il s'efforçait de faire obstacle aux grandes agglomérations d'États qui rompent l'équilibre, et constituent un danger pour la paix générale.

Les Français restèrent donc au Mexique. Ils furent

successivement commandés par le général comte de Lorencez et par les généraux Forey et Bazaine, qui furent tous deux nommés maréchaux de France à la suite de glorieux faits d'armes. Après avoir pris Puebla le 17 mai 1863, l'armée française entra le 10 juin à Mexico, où, sur les indications de notre gouvernement, une assemblée de notables rétablit la monarchie et déféra la couronne impériale à l'archiduc Maximilien.

Nos troupes demeurèrent au Mexique jusqu'en 1867, puis, lorsque le nouvel empire parut consolidé, elles furent rappelées en France. A peine étaient-elles parties que la guerre civile recommença : l'empereur Maximilien se défendit avec énergie contre Juarez, mais, trahi, il fut fait prisonnier et fusillé à Queretaro.

La guerre du Mexique servit de prétexte à la gauche pour attaquer très-vivement le gouvernement : à la suite des élections de 1863 l'opposition était devenue plus forte, et, pour le malheur de la France, M. Thiers, qui devait être plus tard un des principaux auteurs de nos désastres, était entré au Corps législatif.

En même temps, l'Empereur perdait l'un après l'autre deux de ses conseillers les plus éminents et les plus dévoués: M. Billault, ministre d'Etat, mort en 1863, et M. de Morny, président du Corps législatif, enlevé par une brusque maladie en 1865. Ce fut M. Rouher, alors ministre du commerce, qui fut appelé à remplacer M. Billault et à prendre part au nom du gouvernement aux discussions du Corps législatif.

Ces discussions furent vives, soit sur les questions extérieures, soit sur les projets de loi que le gouvernement présentait à l'adoption du Corps législatif. De 1863 à 1869, plusieurs lois importantes furent votées : ce furent la loi sur les coalitions (1864), qui assura le libre discussion des salaires entre les ouvriers et les patrons ; la loi qui supprimait la contrainte par corps pour dettes (1867) ; et les lois sur l'armée (1er février 1868), sur la presse (11 mai), sur les réunions publiques (6 juin).

Les questions extérieures qui passionnèrent le plus

vivement l'opinion publique pendant la même période, furent l'insurrection de Pologne, et surtout l'indépendance du Pape et les guerres de Danemark et d'Allemagne.

La question religieuse, une des plus difficiles du règne de Napoléou III, fournit tour à tour aux catholiques et aux libéraux l'occasion d'attaquer le gouvernement, selon qu'il paraissait abandonner ou défendre la papauté. La Convention du 15 septembre 1864 stipulait l'évacuation de Rome par nos troupes, mais en revanche le gouvernement italien garantissait l'intégrité des Etats Pontificaux : cette condition n'ayant pas été exécutée, et Garibaldi ayant franchi la frontière romaine, l'Empereur dut envoyer en 1867, à Rome, un nouveau corps expéditionnaire qui battit l'armée garibaldienne à Mentana et protégea le Pape jusqu'en 1870, époque à laquelle nos troupes furent rappelées pour la défense de notre territoire.

La guerre de l'Autriche et de la Prusse alliées contre le Danemark (1864) fut bientôt suivie d'une guerre de la Prusse unie à l'Italie contre l'Autriche (1866). Les Italiens furent complétement battus à Custozza pendant que l'armée autrichienne perdait la bataille de Sadowa. A la suite de cette défaite, l'Empereur d'Autriche reconnaissant que la continuation de la lutte était impossible, offrit à l'Empereur Napoléon III de lui céder la Vénétie, et demanda sa médiation pour obtenir la paix. L'Empereur accepta, et grâce à lui, le traité de Prague fut conclu. Ce traité qui affirmait la suprématie de la Prusse dans la Confédération de l'Allemagne du Nord, lui donnait en outre le Hanovre, la Hesse-Électorale, le duché de Nassau, la ville de Francfort, et les duchés danois. D'autre part, l'Empereur Napoléon III remettait à l'Italie la Vénétie que lui avait cédée l'Autriche.

La Prusse sortait donc de cette guerre plus forte et plus puissante que jamais. Ce développement rapide d'une nation voisine inquiéta l'Empereur qui, prévoyant des complications, voulut mettre la France en mesure de se défendre contre toutes les attaques.

Dans ce but, peu de temps après Sadowa, il fit présenter au Corps législatif un projet de loi portant notre armée à *douze cent mille hommes;* mais l'opposition, M. Thiers à sa tête, combattit ce projet qui aurait pu nous sauver, et réussit à le faire écarter.

A cette occasion, M. Thiers prononça un discours qui eut un grand retentissement, et dont nous croyons devoir citer le fragment suivant :

« Messieurs, il y a une chose qu'on oublie. On dirait qu'il n'y a que la garde nationale pour défendre le pays, et que *la garde nationale mobile n'étant pas constituée, la France est découverte !* Je vous le demande, à quoi nous servirait cette admirable armée active, qui nous coûte quatre à cinq cents millions par an? *Vous supposez donc* qu'elle sera battue dès le premier choc, et que la France sera immédiatement découverte. ON VOUS PRÉSENTAIT L'AUTRE JOUR DES CHIFFRES DE 1.200, DE 1,300, DE 15,000,000 HOMMES, COMME ÉTANT CEUX QUE LES DIFFÉRENTES PUISSANCES PEUVENT METTRE SOUS LES ARMES. Je ne dis pas que ce soit sur ces chiffres qu'on ait fondé votre vote, mais enfin ils vous ont fait éprouver, quand on vous les a cités, une impression fort vive, EH BIEN! CES CHIFFRES-LA SONT PARFAITEMENT CHIMÉRIQUES... LA PRUSSE, SELON M. LE MINISTRE D'ÉTAT, NOUS PRÉSENTERAIT 1,300,000 HOMMES. MAIS, JE LE DEMANDE, OU A-T-ON VU CES FORCES FORMIDABLES? *La Prusse, combien d'hommes avait-elle portés en Bohême en 1866? 300,000 environ...* C'est que, Messieurs, il ne faut pas vous fier A CETTE FANTASMAGORIE DE CHIFFRES .. CE SONT LA DES FABLES QUI N'ONT JAMAIS EU AUCUNE ESPÈCE DE RÉALITÉ. (*Approbation autour de l'orateur.*) Donc, qu'on se rassure, *notre armée suffira pour arrêter l'ennemi.* Derrière elle, le pays aura le temps de respirer et d'organiser *tranquillement ses réserves.* EST-CE QUE VOUS N'AUREZ PAS TOUJOURS DEUX OU TROIS MOIS, C'EST-A-DIRE PLUS QU'IL NE VOUS EN

RAUDRA pour organiser la garde nationale mobile et utiliser ainsi le zèle des populations. D'ailleurs, les volontaires afflueront. Vous vous défiez beaucoup trop de votre pays. »

Ainsi, lorsque, après Sadowa, l'Empereur demandait une armée de 1,200,000 hommes, pour être en état de balancer les forces de la Prusse, M. Thiers répondait que : NOTRE ARMÉE ACTIVE SUFFIRAIT POUR ARRÊTER L'ENNEMI ; et que DERRIÈRE CETTE ARMÉE, le pays AURAIT TOUJOURS DEUX OU TROIS MOIS, C'EST-A-DIRE PLUS QU'IL N'EN FALLAIT, POUR ORGANISER TRANQUILLEMENT LES RÉSERVES.

Et aujourd'hui M. Thiers et ses amis ont l'audace de reprocher à l'Empire une catastrophe dont ils sont seuls responsables, et qu'ils ont amenée en refusant au gouvernement les moyens de soutenir avec succès une guerre qui, dès 1866, était considérée comme inévitable !

Devant cette résistance, l'Empereur dut renoncer à une armée de *douze cent mille hommes*. A la cession de 1868, il proposa au Corps législatif l'organisation d'une armée de 800,000 hommes, à l'aide de la garde mobile.

Cette fois, la Chambre adopta la loi, dite du maréchal Niel, malgré les violentes attaques de l'opposition ; au nombre des membres qui votèrent contre cette loi, nous remarquons MM. THIERS, Bethmont, Magnin, Glais-Bizoin, Dorian, Jules Favre, Jules Simon, Ernest Picard, Garnier-Pagès, Pelletan.

L'opposition avait empêché l'augmentation de l'effectif de l'armée; elle ne devait pas s'en tenir là, et ce fut elle qui parvint à faire repousser les crédits nécessaires à l'organisation de la garde mobile, de telle sorte qu'au moment de la guerre, les mobiles n'étaient ni armés, ni habillés, ni exercés !

Dans l'intervalle, en 1867, l'Empereur avait essayé d'amener l'opposition à voter les réformes militaires en lui faisant différentes concessions politiques. Par une lettre adressée le 19 janvier à M. Rouher, il avait annoncé son intention d'envoyer désormais ses ministres défendre, devant la Chambre, les projets du gouvernement.

En même temps il accordait aux députés le droit d'interpellation, dans certaines limites cependant, et transformait le Sénat en une seconde Chambre, chargée de discuter les lois précédemment soumises au Corps législatif. C'était en réalité un premier pas vers le rétablissement du régime parlementaire.

Cette même année 1867 devait être marquée par un un événement considérable : nous voulons parler de la magnifique Exposition universelle qui eut lieu au Champ de-Mars, transformé pour la circonstance en un immense palais.

Cette Exposition, la plus vaste et la plus complète qui eut jamais été faite, attira une foule considérable à Paris et donna une nouvelle impulsion au commerce et à l'industrie. Les empereurs de Russie et d'Autriche, le roi de Prusse, le Sultan vinrent la visiter, et les entrevues cordiales de ces souverains avec l'Empereur Napoléon III, permirent d'espérer que, cette fois, la paix serait durable.

La France était alors au plus haut point de prospérité qu'elle eût jamais atteint, et la richesse publique s'était accrue dans des proportions inouïes. Aussi, lors des élections de 1869, le pays, désireux de prouver sa reconnaissance à l'Empereur, donna-t-il une immense majorité aux candidats officiels : seules les grandes villes envoyèrent des députés hostiles, mais, si l'opposition vit ses rangs se grossir de quelques recrues, elle n'en resta pas moins une infime minorité à la Chambre comme dans la nation.

Malgré cela, l'Empereur crut devoir persévérer dans la voie des concessions libérales où il était entré. Le 11 juillet, un message annonça de nouvelles modifications à la Constitution. Un sénatus-consulte du 6 septembre établit la responsabilité ministérielle et accorda aux députés le droit d'initiative et le droit d'interpellation et d'amendement, sans limites cette fois, Le Sénat eut la faculté d'apposer son *veto* aux lois votées par le Corps législatif, et ses séances devinrent publiques. Une amnistie générale compléta ces réformes qui furent combattues par les partisans les plus dévoués de l'Empire.

Le 2 janvier 1870, M, Émile Ollivier, qui avait fait pendant longtemps une opposition des plus violentes au gouvernement, fut chargé de former un ministère et s'entoura d'anciens parlementaires récemment ralliés. Mais dès les premiers jours, il se trouva en présence de graves difficultés.

Les esprits étaient surexcités et le parti révolutionnaire n'attendait qu'une occasion pour tenter un mouvement. Cette occasion, le hasard ne devait pas tarder à la fournir.

Un journaliste républicain, qui a joué depuis un rôle mportant sous la Commune, Paschal Grousset, envoya des témoins à un membre de la famille impériale, le prince Pierre Bonaparte, à propos d'une lettre que celui-ci avait adressée à un journal de la Corse. Les témoins de Grousset, Victor Noir et Ulric de Fonvielle, *qui étaient armés*, se conduisirent de la façon la plus nconvenante, et Noir s'emporta même jusqu'à souffleter e prince qui le tua roide d'un coup de revolver.

Cet événement fit grand bruit à Paris, les républicains exploitèrent la mort de Noir pour organiser des manifestations et des émeutes, mais l'ordre fut promptement rétabli. Quoi qu'il en soit, les troubles se renouvelèrent à différentes reprises et, sans être bien graves, causèrent cependant une certaine inquiétude dans le pays.

Le ministère, pour remédier à cet état de choses, eut recours à de nouvelles réformes. Au mois d'avril, le Sénat perdit son pouvoir constituant et reçut le pouvoir législatif ; en même temps il fut décidé que la Constitution ne pourrait être modifiée que par un appel au peuple. M. Émile Ollivier, qui était très vivemen combattu, s'imagina qu'en consultant immédiatement la nation, il se consoliderait au pouvoir et désarmerait l'opposition.

Le plébiscite fut donc résolu : il eut lieu le 8 mai, et donna au gouvernement *sept millions et demi* de suffrages contre *quinze cent mille* votes négatifs.

L'Empire avait puisé une force nouvelle dans cette épreuve, et semblait affermi pour de longues années, lorsque les prétentions de la Prusse vinrent contraindre la France à faire la guerre.

Depuis 1866, cette guerre était imminente ; depuis la défaite de l'Autriche à Sadowa, l'opposition, M. Thiers à sa tête, affectait de reprocher à l'Empereur d'avoir souffert l'unification de l'Allemagne, la réunion de ses forces dans les mains de la Prusse, et s'attachait à signaler dans ce nouvel état de choses l'abaissement de la France.

A force de répéter dans les journaux, à la tribune, que la France était humiliée par l'agrandissement de la Prusse; à force d'accuser l'Empereur du désastre de Sadowa, et de le représenter comme une défaite encore plus accablante pour la France que pour l'Autriche, l'opposition avait fini par créer dans l'opinion un désir général et violent de revanche. *Sadowa* était devenu une injure; et, dans la session de 1870, M. Jules Ferry dut être rappelé à l'ordre par le Président du Corps législatif, pour avoir appelé le centre droit et la droite *majorité de Sadowa* !

Les éléments d'un incendie étaient donc prêts ; il ne fallait qu'une étincelle pour l'allumer.

Cette étincelle se produisit ; ce fut la candidature au trône d'Espagne du prince de Hohenzollern, parent du roi de Prusse, et qui avait accepté avec son autorisation la couronne offerte.

A l'instant même, l'opinion publique, prévenue contre la Prusse, vit dans la candidature du prince de Hohen zollern le dessein d'enfermer la France entre deux Eta hostiles; un roi allemand à Madrid, c'était une seconde Prusse au delà des Pyrénées, et la frontière ouverte de deux côtés à la fois.

Un orage immédiat et formidable se déchaîna, pendant la première quinzaine de juillet 1870, contre les projets de la Prusse, et mit le gouvernement de l'Empire en demeure de s'y opposer.

La diplomatie entra en campagne et parvint à obtenir la renonciation du prince de Hohenzollern, mais le roi de Prusse refusa de garantir cette renonciation pour l'avenir. Bientôt il ne voulut plus recevoir notre ambassadeur.

Cette fois encore, l'Empereur se trouvait donc forcé malgré lui d'engager la lutte : le 15 juillet, la question de paix ou de guerre fut portée devant la Corps législatif, et, sur 257 députés votants, 247 se prononcèrent pour la guerre, et 10 seulement contre. Au nombre des votants POUR LA GUERRE, se trouvaient MM. Gambetta, Jules Simon, Jules Ferry, Ernest Picard, Dorian, Magnin, de Kératry, Bethmont, etc M. Thiers, qui avait dit seize jours avant que la France était prête à soutenir la guerre, s'était abstenu, mais il vota le crédit qui fut immédiatement demandé pour commencer les opérations militaires.

Qu'on juge de la sincérité de ceux qui ont accusé l'Empereur d'avoir poussé à la guerre, et qui prétendent que l'opposition l'a repoussée !

Le lendemain de la déclaration, l'*Univers* disait :

« La guerre où nous entrons n'est pour la France, ni l'œuvre d'un parti, NI UNE AVENTURE IMPOSÉE PAR LE SOUVERAIN. La nation s'y donne de plein cœur. »

Le journal le *Soir* ajoutait :

« *Ce n'est pas l'empereur Napoléon III* qui, de son chef, a déclaré la guerre actuelle. *C'est nous qui lui avons* FORCÉ LA MAIN. »

Il serait superflu de rappeler l'état de l'opinion après la guerre; ce fut un délire! Paris ne dormit pas de quinze jours, tenu en éveil par *le Chant du départ* et par *la Marseillaise.*

On le voit donc, tout le monde avait poussé à la guerre, tout le monde la voulait, tout le monde était convaincu qu'elle serait heureuse. En cet état de choses, qui donc fut assez exempt d'illusions pour avoir le droit d'en faire un reproche à ceux qui en eurent?

L'armée française fut rapidement dirigée sur la frontière, et les hostilités ne tardèrent pas à s'engager. Après un premier succès à Sarrebrück, eurent lieu les affaires héroïques et malheureuses de Wissembourg 4 août), de Reichschoffen et de Forbach (6 août).

L'Empereur remit alors le commandement en chef au maréchal Bazaine, et vint rejoindre à Châlons les débris de l'armée du maréchal de Mac-Mahon.

En quinze jours, cette armée fut réorganisée, grâce à l'activité de son chef et du général de Palikao, ministre de la guerre. Qu'allait faire le maréchal de Mac-Mahon? Reviendrait-il sous Paris? ou s'efforcerait-il, comme le voulait, le cabinet Palikao, de rejoindre Bazaine qui venait de livrer coup sur coup les batailles glorieuses de Borny, de Rezonville et de Gravelotte, et avait infligé des pertes énormes à l'ennemi.

Le maréchal de Mac-Mahon, qui commandait seul et qui a du reste loyalement revendiqué sa responsabilité, prit le parti, après de longues hésitations, de marcher au secours de Bazaine, et commença son mouvement le 21 août; mais ce mouvement ne s'opéra pas aussi rapidement qu'on l'avait espéré; le 30, les Prussiens rejoignirent l'armée française et battirent à Beaumont l'arrière-garde commandée par le général de Failly.

A cette nouvelle, le maréchal de Mac-Mahon, qui était déjà sur la route de Montmédy, à Carignan, se replia sur Sedan, où le 31 août il prit ses dispositions pour livrer bataille.

L'armée française, placée autour de Sedan, à peu près dans l'ordre où elle y était successivement arrivée, était déjà complètement enveloppée par l'armée allemande, lorsque un peu avant le jour, le 1er septembre, la ataille commença vers l'est par une vive attaque d'ar-illerie, dirigée par les Bavarois sur le village de azeilles.

Vers huit heures du matin, le maréchal de Mac-ahon, grièvement blessé, remit le commandement au néral Ducrot qui, voyant tout espoir de victoire rdu, — il avait 80,000 hommes contre 220,000 Alle-ands, — prit les meilleures dispositions pour assurer retraite. Peut-être aurait-il réussi à sauver l'armée, le général de Wimpffen, qui était le plus ancien des néraux de division présents, n'était venu exiger le mmandement.

Que faisait l'Empereur pendant ce temps? A cinq ures du matin, il était monté à cheval, et s'était ndu sur le champ de bataille, aux endroits où la tte était la plus vive, pour encourager les troupes par présence. Sur les crêtes de la Moncelle où il s'était ancé, après avoir laissé son escorte à Balan, les obus mbaient de tous côtés autour de lui, et il restait im-obile comme s'il eut attendu que l'un de ces projec-es vint le frapper au milieu de ses soldats. Le feu vint si violent qu'on l'engagea à se retirer. Il se igea alors vers les hauteurs de Givonne où il ren-ntra le général de Wimpffen qui, encore plein d'es-ir sur le résultat de la journée, lui dit en lui montrant ennemis: « Que Votre Majesté ne s'inquiète pas, ns deux heures je les aurai jetés à la Meuse. » Mais ntôt la scène s'assombrit et toute confiance dans le ccès dut disparaître.

Continuant son mouvement circulaire autour de lan, l'Empereur se porta de Givonne sur les hau-rs à gauche des bois de la Garenne. Il voulait pousser ore plus avant, lorsque des lignes d'infanterie qui cendaient en se retirant vers la place l'en empêchè-t. Les projectiles pleuvaient toujours autour de lui. obus vint tomber près du général de Courson, un re près du capitaine Trecesson, officiers attachés à mpereur. Leurs chevaux se cabrèrent, et tous deux tombant furent assez grièvement blessés.

Napoléon III était à cheval depuis plus de cinq heures, et quand on songe qu'il était déjà atteint, à cette époque, de la cruelle maladie qui devait l'emporter deux ans plus tard, on s'étonne qu'il ait pu supporter les atroces souffrances auxquelles il était en proie, et on ne peut se défendre d'une admiration profonde pour le courage et l'énergie qu'il a déployés dans cette triste journée.

Il avait parcouru le demi-cercle des hauteurs qu enveloppent Sedan du sud au nord, entre Balan et les bois de la Garenne, lorsque, voyant qu'aucune direction ne semblait présider aux différents mouvements des troupes et ne pouvant se dissimuler la mauvaise tournure que prenaient les affaires, il résolut de retourner en ville, pour aller conférer avec le général de Mac-Mahon, sur les mesures à prendre. S'adressant alors à un des officiers de son état-major, il lui dit : « Il n'y a qu'un moyen hardi de sauver l'armée. Pendant que l'armée prussienne est en grande partie sur la rive droite de la Meuse et menace de nous tourner au côté du nord, il faudrait ramener les troupes sur la rive gauche, en traversant la ville; et, en se portant sur Donchery, on mettrait le désordre dans les troupes allemandes restées en réserve, de même qu'on s'emparerait des batteries qui tirent à une si grande distance des hauteurs de Fresnois. »

Cette idée était-elle réalisable, à cette heure, avec une armée qui ne se sentait ni une direction, ni un but? Nul ne saurait le dire, mais elle paraît avoir été la seule qui se soit produite pendant la confusion de la mêlée.

Vivement impressionné du découragement qui semblait s'emparer des troupes, l'Empereur rentra en ville pour conférer avec le Maréchal. Au moment où il traversait le pont établi sur la Meuse, dont le cours coupe la ville en deux, un obus éclata devant la tête de son cheval. Napoléon continua sa route sans s'émouvoir. Le prince de la Moskowa, qui était à ses côtés, tomba sous son cheval, qui s'était abattu par la force de l'explosion.

Après s'être entretenu avec le Maréchal, l'Empereur revint à la sous-préfecture, où il s'était établi la veille; mais il ordonna que les chevaux fussent tenus prêts, voulant revenir promptement sur le champ de bataille. Malheureusement, les actes successifs du drame se déroulaient avec une effrayante rapidité ; et il y avait à peine une demi-heure que l'Empereur était rentré en ville que les rues s'encombraient d'hommes, de chevaux, de voitures obstruant tous les passages et toutes les issues.

Impatienté d'une immobilité que les circonstances rendaient douloureuse et fébrile, l'Empereur envoya plusieurs officiers pour explorer les points par lesquels il serait possible de sortir et de rejoindre l'armée. Quoiqu'à pied et se faufilant entre les chevaux et les voitures, ces officiers ne parvinrent à grand'peine, les uns que jusqu'à la citadelle, les autres que jusqu'à la place Turenne.

Il était environ quatre heures. En ce moment arrivèrent près de l'Empereur divers officiers généraux, notamment le général Pellé, disant que la résistance était désormais impossible, et le parlementaire du roi de Prusse, demandant la reddition de la place. Le général Pellé s'exprima ainsi : « Sire, je ne suis qu'un soldat; je voudrais sauver votre Majesté ; mais elle ne peut en ce moment sortir des remparts ; toute tentative serait inutile. »

Sans communications avec le général Wimpffen, dans des circonstances où chaque heure de retard coûtait des milliers d'hommes, l'Empereur sortit pour la première fois de la réserve absolue où il s'était tenu par rapport au commandant en chef : pris de pitié pour tant de familles dont les enfants mouraient sans utilité et sans gloire, il ordonna de hisser le drapeau blanc sur la citadelle, ce qui était demander à l'ennemi une suspension d'armes.

Et tel était l'encombrement indescriptible des rues, que le capitaine chargé de porter au commandant de la citadelle l'ordre de cesser le feu, mit *une heure* à parcourir les *six cents mètres* qui le séparaient de son but.

L'Empereur n'alla pas au delà de cette limite, qui ménageait la vie du soldat et des habitants de Sedan, sans engager le sort de l'armée. Un conseil de guerre de trente-deux généraux de division et chefs de service conseilla la capitulation, et le général de Wimpffen la discuta et la signa en personne le 2 septembre, à dix heures du matin. Napoléon demeura étranger à tous ces actes et ne disposa que de sa personne.

Bref, à Sedan, l'Empereur a partagé les périls de toute l'armée ; il a pris seulement l'initiative d'une suspension d'armes, pour épargner le sang des soldats, quand il était inutilement versé ; mais la capitulation de l'armée de Sedan n'est pas signée NAPOLÉON ; elle est signée WIMPFEN !

L'Empereur, qu'on avait accusé de faire la guerre dans un intérêt dynastique, alors qu'il ne songeait qu'à la dignité de la France, a tout sacrifié à Sedan, tout, son orgueil, sa fierté, sa liberté, sa vie, qui reçut alors une atteinte mortelle, et jusqu'à l'éventualité de la ruine de ses espérances dynastiques, pour sauver quelques milliers de soldats hors de combattre, et qu'il voulait conserver à la France.

C'est la plus belle page de sa vie, cette page d'admirable et surhumaine charité, où il se sacrifie au salut de tous.

L'Empereur passa huit mois en captivité, recueillant partout le respect et l'admiration de ses adversaires et de ses ennemis.

Puis, après la paix, il se rendit en Angleterre, dans une modeste maison, à Camden-Place.

C'est là qu'il est mort, le 9 janvier 1873, mort victime et martyr de son patriotisme et de sa grandeur d'âme,

La guerre l'avait miné ; la guerre l'a tué.

Et pourquoi faisons-nous entendre des plaintes amères au sujet de cette fin terrible ?

La Providence qui sait ce qu'elle fait, qui conduit les hommes au but qu'elle a fixé dans son immuable sagesse, n'a-t-elle pas clairement voulu donner à l'Empereur Napoléon la seule chose qui lui manquât, l'auréole du martyr?

C'est Sainte-Hélène qui a fait la légende de Napoléon Ier.

C'est Chislehurst qui fait la légende de Napoléon III.

Car la gloire ne suffit pas pour sacrer une famille souveraine, et le malheur, le malheur immérité, est toujours nécessaire.

La mort de l'Empereur causa une stupeur profonde de toutes parts, et ce n'est qu'en voyant le vide qu'il laissait, qu'on se rendit compte exactement de la place qu'il occupait dans le monde entier.

Ses ennemis tressaillirent de joie, tant ils avaient peur que le héros de Strasbourg et de Boulogne ne tentât encore la fortune et ne vînt éclater au milieu d'eux comme la foudre.

Ses amis sentirent toute leur fidélité se réveiller et des milliers de dévoués se précipitèrent à ses funérailles, afin de relier la chaîne qui réunit le père au fils, et de bien montrer à la France que si l'Empereur est mort, il demeure là-bas un autre Napoléon, son fils, son héritier, et qui attend patiemment le jour où la France, librement consultée, le rappelera aux cris mille fois repétés de : vive l'Empereur!

Imp. Parisienne, J. SOUBIE, Impasse Bonne-Nouvelle, 5. — Paris.

A LA MÊME LIBRAIRIE

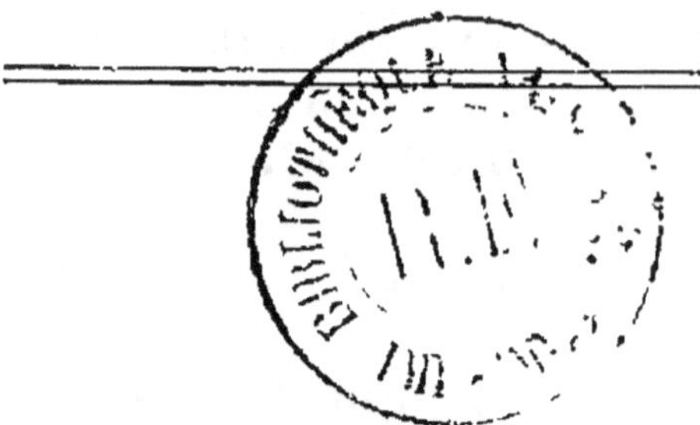

PUBLICATIONS RECOMMANDÉES

Œuvres posthumes de Napoléon III (nouvelle édition) 7 50

Le 16 Mars à Chislehurst, avec les noms des personnes présentées à Cambden-Place, par M. GRANIER DE CASSAGNAC, ancien Député au Corps législatif (2e édition) .... 1 »

Empire et Royauté, par PAUL DE CASSAGNAC .... » 50

L'Aigle, Almanach du Suffrage universel, par PAUL DE CASSAGNAC, 1875 (25 fr. le cent) .... » 50

La Dépêche du 20 Août 1870, du maréchal Bazaine au maréchal de Mac-Mahon, par le colonel baron STOFFEL (5e édition) .... 2 »

Vingt ans de Despotisme et Quatre ans de Liberté, par FERNAND GIRAUDEAU .... 3 »

Les Titres de la Dynastie impériale, par ÉDOUARD GUILLEMIN .... » 50

Histoire populaire de Napoléon III, petit format, par PAUL DE CASSAGNAC (40 fr. le cent) .... » 50

Empire ou Radicalisme, par H. AUBERT et l'abbé CASTAY 2 50

Une Sœur de Charité (l'Impératrice Eugénie), avec portrait, par EVARISTE BAVOUX, ancien Conseiller d'État .... 1 »

Le Quatrième Napoléon (avec portrait), par LÉONCE DUPONT .... »

Le Lendemain de l'Empire, par A. VITU .... 3 »

Le Catéchisme impérial, par EDOUARD BOINVILLIERS .... » 50

On demande un Dictateur, par JULES AMIGUES... »

Comment l'Empire reviendra, par JULES AMIGUES. 1 »

Journal d'un Parisien pendant la Commune, par EUGÈNE LOUDUN (2 vol.) .... 6 »

Le Bonapartisme (4e dynastie), par ALFRED D'ALMBERT .... 1 »

Le Journal de Chislehurst (Funérailles de l'Empereur), par F. AUBERT .... 1 »

Les Vacances du quatrième Napoléon à Arenemberg, par Evariste Bavoux.................... 1

Le Retour de l'île d'Elbe........................ 1 »

La Fusion et l'Appel au Peuple............... 1 »

PHOTOGRAPHIES

CARTE ALBUM

Groupe de la Famille impériale................	1 50
S. M. l'Empereur Napoléon III	1 50
S. M. l'Impératrice..............................	1 50
S. A. le Prince impérial.........................	1 50
Tombeau de l'Empereur........................	1 50
Chapelle Sainte-Marie de Chislehurst..........	1 50
Cambden-House (Chislehurst)...................	1 50

Imprimerie Parisienne, J. Soubie, 5, impasse Bonne-Nouvelle.

www.ingramcontent.com/pod-product-compliance
Lightning Source LLC
LaVergne TN
LVHW020439230826
846091LV00004B/1545

* 9 7 8 2 0 1 2 9 7 6 8 8 7 *